フレーベルの幼稚園の原理

Froebel's Kindergarten Principles Critically Examined

—批判的検討—

著者／ウィリアム・H・キルパトリック
監訳者／乙訓稔・別府愛
訳者／笹川啓一・廣嶋龍太郎・今井康晴・八木浩雄

東信堂

William Heard Kilpatrick

Froebel's Kindergarten Principles Critically Examined

Japanese language edition published by Toshindo Publishing Co.Ltd.
1-20-6, Mukogaoka, Bunkyo-ku, Tokyo, Japan.

まえがき

クイック氏は、その著『教育の改革者たち』のなかでフレーベルを論じて、「私が彼を理解できるところでは、彼は私には非常に賢く思われる」、しかし「時折彼は私の視界からはるかに離れていき、私たちが傾聴する言葉が深い真理の表現であるのか、あるいは全然意味のないものであるのか、私には時々まったく確定できないのである」と、極めて興味深い率直さで述べている。多分、一幼稚園教員たちの集団を除いて、少なくとも一教育理論の研究者たちのほとんどは、クイック氏にジレンマを感じているであろう。確かに価値のある多くのもののなかには、非常に近づきがたい多くのものがあるのである。このフレーベルの思想のなかの問題のある部分が、幼稚園教員たち自身の間で分裂を生み出している。一方の派の人たちは幼稚園の学説と実践の原型の全体をほとんど完全に受け入れ、またいかなるわずかな修正にも反対するのである。もう一方の派の人たちは、独創的なフレーベル主義の学説の原型のある部分を多かれ少なかれ意識的に拒否し、教育界のその他の最善の思潮を利用することによって幼稚園の理論と実践の改善を求めている。後者の集団は、フレーベルを尊敬するが、その未来を見ている。前者は、ほとんど宗教的な熱意ですべてを受け容れるだけでなく、フレーベル崇拝を展開したのである。

このような一般的状況において、著者は幼稚園教育の経験者の継続クラスや初歩クラスの学生たちと、フレーベルの批判的な研究を行うことに取り掛かった。当然、研究した諸説の多くに関し、対立する観点が現れた。本書は、それらの討論から生まれた。それゆえ、本書は歴史的ではなく批判的である。本書は、フレーベルについてのすべての論議をひけらかすのではなく、むしろ様々に取り入れられて様々な実践に導いた幼稚園理論の争点それ自体に専ら限定している。

本書の全般的な目的は、幼稚園の理論と実践の改革を拡大する手助けをすることである。したがって、本書の訴えは、幼稚園教員たちや教育理論を学ぶ一般学生だけでなく、また同様に教育実践の監督者たちや指導者たちに対するものである。完全な幼稚園の改革は、すべての者の任務でなければならない。監督者が幼稚園で行われているものを知り、適切に評価できるまでは、状態を改善する彼の役割は取るに足らないか、より悪いものとなるであろう。幼稚園教員自身は、自分が行っていることを見て、そして評価できていくに比例して、物事をより良くすることに効果的であると解るであろう。教育の一般学生が幼稚園の理論を包括的な教育理論との適切な相互関連のなかに位置づけることができるようになるまでは、幼稚園はその時までずっと別物として他の教育努力と悪く結び付いて存在する。過去四半世紀の間に、幼稚園の改革が着実に前進したということは顕著な事実である。しかし、幼稚園教員たちのかなりの部分が、まだ頑強に改変を拒否している。彼等の理論が ― その自己従属的な集団に特殊な術語で定式化された、本質的に秘儀的な学説として ― 留まる限りは、まさにその学説は十分な評価を欠くであろうし、また彼等の幼稚園は小学校との適切な整合を欠くであろう。著者が知る限りでは、これまでの出版物はどれもフレーベル固有の思想や保守的な幼稚園教員の秘儀的な学説の考察を掲げていない。そこで、本書の特別な目的は、第一に部外者 ― 一般的な教育者 ― に、まさにフレーベルが幼稚園に推奨した学説が何であったかを明らかにすることであり、第二にそれらにどのような価値を付与するかを、最近の最善の理論に照らして、確認することである。

もし、ある人たちが批判は余りに否定的であると感じるのであれば、本書の目的との関連ですべてを受け入れることは、少しも議論を必要としないということであると思い起こして欲しい。フレーベルのより好ましい側面は、すでに教育思想を受容した共同組織のうちにほとんど吸収されていて、かつては新奇であったが、今ではもう「分かりきったこと」なのである。フレーベルのより悪しき面は、彼のすべての教えに特有な方法で浸透しているということが、またさらに議論の特有な困難さを提起しているということが、相関的に付け加えられてよい。十分な論じ方は、過剰な強調と思われるに違いない。この印象を弱めるために、フレーベルに好意を示す読者たちには第五章と六章から読み始め、その後に最初の章を読まれることを提案する。

多くの頻繁な脚注の煩わしさ感を避けるために、原典の本文で用いられている引用の出所は、原典のそれぞれの引用の直ぐ後の括弧内の数字によって示されている。したがって、（六：二九）は直ぐ前の引用が巻末の引用文献一覧表での番号六の書物の二九頁に見出されることを意味する。読者たちの大多数はドイツ語原典よりも英訳書の方が満足するであろうから、引用文献は広く使用されている訳書で作成され、引用も概してその引用文献で見られるように提示されている。しかしながら、正確さと明確さのどちらかが求められる時はいつでも、訳書が自由に変更されたり、新しくされたりしている。そのような変更は、（四：三六＊）のように頁数に付けられた星印によって示されている。ドイツ語原典を調べることを望む人たちのために、巻末に引用文献の転換表が用意されているので、それによって英訳書に関するどの頁の引用も、ドイツ語原典に対する当該の適切な頁に読み替えられるであろう。

本書出版の事前準備は、第一に前述の学生たちのすべてに、特に納得させるのに困難であった論争好きな学生たちに負っている。彼等は、私に議論の目に付かない所や裂け目を隈無く探究することを強いたのである。彼等に続いて、私の良き友人たちであるI・Lキャンデル博士、フランクP・グレーヴェス教授、ナオミ・ノースワーシイ教授、そしてパティS・ヒル教授たちの大変有益な示唆に感謝している。しかしながら、彼等の誰も、ここに表明された諸見解に対していかなる点でも責任はない。そして、とりわけ私は、最も多くを妻に負っている。彼女は、幼稚園の教育方法の特別な知識を提供してくれただけでなく、あらゆる段階において他の多くの方法で私を援助してくれたのである。

W・H・K

凡例

一．原著は「章」がローマ数字で表記され、またそれぞれの本文内容はゴシック体で小見出しが付けられている。本訳書ではローマ数字の「章」はそのままとし、それぞれのゴシック体小見出しの内容部分は「節」として表記した。

二．原著では強調のために大文字や斜体での表記が見られることから、訳出では大文字語は、ゴシック体で表記し、斜体はそのままとした。また、原著での疑問符は邦訳であることから句点とした。

三．原著者の註記は該当頁の下部に付記されているが、本訳書では各章ごとに通し番号を付け、巻末にその訳文を収録した。また、原著では索引が人名と事項が合記されているが、本書ではそれぞれを分けて作成した。その際、監訳者が若干ではあるが取捨選択し、必須と考えた人名を加筆した。

四．本文中の引用の出所表記は、「まえがき」で原著者が説明しているように、巻末に番号付けされて掲げられたフレーベルの著作の英語翻訳文献や英米語による研究書の文献番号と頁数が括弧書きで極めて頻繁に挿入されているが、それは引用文献に当たる必要のある研究者向けのものと解し、本書ではすべて割愛した。

五．訳出にあたっては、出来るだけ原文に忠実に訳し、意訳は必要な範囲に留めた。また、原語のカタカナ訳記が日本語として定着している言葉は、そのように表記した。特に、第五章第四節の小見出しと本文中の「*Mother Play*」は、フレーベルの原著（*Mutter und Kose-lieder*）と考えられるので『母の歌と愛撫の歌』と意訳した。尚、引用の章句の訳出は、巻末に掲げられた文献一覧のなかのランゲ編 *Friedrich Fröbels Gesammelte Pädagogische Schriften* における原語や出版されているフレーベルの邦訳書や研究書を参考にした。

六．人名と地名の表記は、日本ペスタロッチー・フレーベル学会編の『増補改訂版ペスタロッチー・フレーベル事典』に見られるものについては同事典に依拠し、それ以外は東京堂出版の『新版世界人名辞典西洋編』と『新版世界地名辞典西洋編』に依って表記した。

目次／フレーベルの幼稚園の原理

フレーベルの幼稚園の原理

第一章　フレーベルの教育学説の基礎となっている原理

第一節　神性としての本性

フレーベルの教育体系へのまさに入口に、彼の神の概念が位置する。自身の体系の構成と提示において、神性をそのように根本としている思想家たちや著述家たちはほとんどいない。フレーベルにとって教育の目標や解釈は神のなかに見出されるし、また人間と自然が神と持つ関係において見出される。フレーベルの思考のより深い面を提示するためには、『人間の教育』の冒頭の節において告げられた覚え書きが、彼によってなされた可能な限りの真剣な労作と思われる。彼に傾聴したある人たちには、彼は心の底からすべてのものが神に起源すると考える汎神論者に思えたのであった。

フレーベルがしばしば世界を神の被造物として言及したとしても、彼が考えた創造主と被造物の間の関係は、我々の一般的な感覚にはなかった。平凡で常識的なキリスト教徒にとっては、神が世界を根源的に造ったし、また今なお世界を支配しているのである。しかし、被造物はいわば神の外に存在し、また神の支配の状態はどちらかと言えば人のもくろみを制する人間の状態の類推か、恐らくはその子どもたちを制する父親の状態の類推なのである。フレーベルにとっては、反対に世界と世界の内のあらゆるものはある神秘的な意味で神から出てきて神の内に依然として留まっているのである。まさしく、思考は精神から出てきて、精神の内にまだ存在していると、常識的な人間が考えるようにである。確かに、フレーベルの例証ではないが、次の二つ目の例証は多分その思想をより明らかにするであろう。代数学では、$(a + b)^3$ という式は $a^3 + 3a^2b + 3ab^2 + b^3$ である。本当の意味で、この展開された長い式は元の短い式に含まれていたが、それから出てきたのであって、言い換えれば展開された長い式は元の短い式の現われなのである。あるいはまた、成熟した植物は種から出てくるのであり、また成熟した植物は後に真の本性と種の存在の双方を構成し、また表しているのである。—正確ではないがもちろん神は無限であるゆえに—幾つかのそのような方法で世界が神の内から生じるし、また神の顕われなのである。この起源と本性を持っている世界それ自体が、フレーベルにとっては本質的に神的なのであり、したがってまた悪ではなく善なのである。

フレーベルは、この思考の内に—どこか初期の神秘主義者プロティノスのように—神との関係の三段階を構成しているように思われる。すなわち、物質と物理的な力が形作る第一段階、自然法則の第二段階、そして意識の第三段階である。しかしながら、これらの三つは明確に区別されていないようであり、むしろ各々次第に変化していっているようである。意識、特に自己意識を除いて、神から出てくるすべての事物は、全くほとんど神のようであるし、あるいはよりよく言えば、神の本性の最も十全な顕われなのである。また、物質と単なる物理的な力は神から出たものであるが、しかしそれらは神を極めて不十分にしか顕わしていない。それらはそれら自体の内で、ほとんど神を明らかにしようと意図されていないが、しかしむしろ有限なものの内で自然法則を通じて、また人間を通じて神の顕われを可能にすると言うことが、恐らくより真実であるのであろう。「神はすべての事物の唯一の源である」。「すべての存在の目的は神の啓示である。すべての存在している事物は、ただそれらの内にある（神的）本質によるし、また（神的）本質のために存在するのである」。「世界は、まるで神の内から引き出されていると思われた」。力と物質は「形式と構造という外的状況」の二つであるが、しかし「力と物質はそれ自体の内で切り離せない一つのものなのである」。「すべての事物の内には一つの永遠の法則が生きているし、また支配している…。このすべてを支配する法則はすべてに行き渡っている活力と生命と自己意識とに、またそれゆえ永遠の統一に必ず基づいている…この統一が神なのである。すべての事物は、神的統一から、神から生じてきているし、また神的統一の内に、ただ神のみの内にそれらの起源を持つのである」。

第二節　発達の普遍的法則

「それぞれの事物の本質」を構成する神的な要素に関するこの考察から、発達によるこの神的な本質の啓示ということのみが方法である。まさしく、神は世界を現わす原因となることで神自体を顕わすように、「いわば神の内から引き出されるように」（*die Entäusserung seines Innern*「神の内面の譲渡」）、そうした神の閃光がすべて事物の本質を見せているところではどこでも、発達がそこには起こるのである。すなわち、本質は神の本性を、明示すること、また顕われている状態に展開するのである。「あらゆる事物の『神の』本質を展開し…

神が外界に一瞬でも存在していることを明らかにすることが、すべての事物の運命であり生涯の仕事なのである」。「神の精神は、共通の生命の原理として、本性の内に宿って生き、すべての事物を産出し、育て、展開するのである」。人間のために、それぞれの植物のためにも、また生命のあるすべてのもののために、一つの「法則があり、その法則によってすべてのものは発達させられ、また完全にさせられ、発達して完全になっているのである。そして、それは創造主と被造物、神と本性が見出されるところではどこでも優越しているのである」。「すべての事物の発達には一定の過程と順序がある。それは、創造主が人類を創り上げる時に従った過程と順序であり、またそれは人間がいつも完成に近づこうとするならば、人間が従うことを許されるに違いない行程と順序である。この行程は、たとえ発達の段階がどのようなものであろうとも、すべての被造物に開かれているのである」。

第三節　あらゆる発達の並行論

この発達の普遍的な法則の一つの重要な面は、例えば一方に人間、他方に有機的な自然という二つの例の間に存在している並行論の内に見出されるのである。「自然における神の精神の明確な発露のなかに、あらゆる素朴な明澄さと純粋さの内に反映された人間の本性、尊厳、神聖さが見られる」。そのように、フレーベルにとって人間たちと木々との間の並行は完全であり、「無言で確かに信頼できるこれら木々に、見た目に分かりやすく教えるものたちに従うことで、人間は生活のあらゆる瞬間になされる事柄を確実に学べるだけでなく、実践することで人間は自分に向けられた諸要求を確実に満たすであろう」。「もし我々が様々な個々の自然現象のこの高度に象徴的な意味のための内的根拠を、特に人間の発達段階と自然の事物の発達段階との関連のなかで求めるならば、我々は自然と人間が一つで同じ永遠の存在の内に共通する起源を持っており、またそれらの発達が同じ法則に従っており、ただ異なった段階で行われるという事実のなかに内的根拠を見出すのである。このように、自然の観察と人間の観察は、それぞれ人間の一般的発達の事実と現象との比較や関連における相互の説明であり、また相互のより深い認識への導きなのである」。

ここで述べられたような並行論の法則から、フレーベルはある教育の推論をしている。現時点では、これらの推論の完全な考察は、本書のもっと明確な教育についての部分に属していると述べられさえすればよい。個人によって人類の道徳の歴史が反復されるという説は、フレーベルにとっては本質的にどこでも見出される発達の並行論のただ特殊な事例にすぎないのである。「子どもの発達は、人類の発達において見出されるのと同じ一連の段階の宗教的生活を必要とする。――すなわち、それは神自身が人類の教育を指導したように行われるに違いない」。普遍的な並行の発達法則のさらなる例は、「一致」の、すなわち「精神と肉体の間および思想とその実践の間で普遍的に普及している類似」の説である。これは、しばしば、また恐らく適切に、私が一般法則と呼んだものよりももっと根本的なものとして提示されている。もし、我々がさらに関係した根源を辿るならば、この通常の幼稚園の名称を続けるための「一致」説は、シェリングの根本的な前進であるか、もしくはフィヒテからの分化であるかということを示すことが現時点では適切であろう。フィヒテは、自我を引き起こすことこそが世界を創造するとして、人々の常識を凌駕していた。一方、シェリングは精神と自然との並行論において到底受け容れられない説を避けようと努めた。フレーベルは、そのような哲学にほとんど関心を持っていなかったとは言え、それでもシェリングの概念を採用した。心理学とも相関関係にあるフレーベルの教育の象徴主義の基盤として、精神と自然の並行論を用いていることは、後に幼稚園の理論における根本的な説であると証明されるであろう。

第四節　発達の意味

これまで発達ないし開発することについて、あたかもその用語の意味がすべて同意されて独特に固定されたかのように述べてきた。しかしながら、そのようなことが問題なのではない。発達という言葉の使用は、広範な意味を示している。ある論者たちは、子どもにおける強い性格を発達させることについて語るが、けれども彼らは外部から子どもに強制した習慣によってのみ、それが可能であると思っている。他の論者たちは、発達を潜在的な形においてであるが、最初から存在していたものを展開していく成長を通して明示していくことと限定するであろう。さらに、他の論者たちは、中間の行程を求めるであろうし、また発達という用語をまさしく本来の内的傾向が外に形づけられていくことに適用されることと考えるであろう。我々は、現在のところ言葉の用法が適正であるかどうか、その概念が事実に最も適しているかどうかを問うことには関心がない。しかしながら、我々はこの点についてのフレーベルの見解を、検討中の理論の彼の独特な解釈に基づいて、確かに重要な教育説として確認したいのである。

フレーベルの時代では、胚種が成人を縮小した型で含んでいるとする「前成説」という古い生物学説が、まだ普通であった。そのように、オーケン[1]は「完全な種子は根や茎と葉を持った完全な植物の縮小型であり」、また「胎児の内には、すでに完全な動物が、種子における植物と同じように、縮小型で内在している」と考えていた。フレーベルがペスタロッチの発達の教育学説を前成説の観念で理解したということは、全く明らかであると考えられる。すなわち、「子どものすべては、絶えず在り、また成り、――僅かな表われでしかないが――子どもの内に見出され、そして内部から外への発達を通じてのみ達成され得るのである」。「新生児が、単に人間に成るだけでなく、人間はすでに現れているし、また実際すべての才能と人間の本性の統一を子どもの内に備えている」。さらに、後になって現われる確かな諸観念が子どもの内にまどろんでいるという明確な断定において、この説のより興味深い面が見出されるのである。「…比較し考察する成熟した思考する精神のなかにのみ現われるそのような対立物が[2]、子どもの夢のような状態の内にさえ存在することができるのであろうか。我々は、ここでこれまで他の所で述べたことをもう一度繰り返す。すなわち、それが子どもの内に存在せず、子どもの内で生きて活動せず、子どもの生活の意味をすでに規定していなかったのであれば、後の時期にそこから出現することは絶対にありえないのである」。先天的な観念が子どもの心の内に最初から潜在しているというこの説は、フレーベルには彼の幼稚園の恩物と作業の心理学において極めて重要なことである。すなわち、前成説の意味における発達の一般的な説とはいえ、それが彼の教育の思考の全体を基礎づけているのである。

第五節　内的結合説

内的結合は、フレーベルのお気に入りのもう一つの説である。すべての事物は内的結合を示し、また有機的な統一がそれらの起源の結果として生じ、そして神の内に存在し続けるということは、彼が最も頻繁に口にする主題である。実際、表面的な観察者には、本性は「内部に生きている結合が明確でなければ、多くの相違や分離した個々の特性のように」思われるかもしれない。しかしながら、実際のところ「外面的に異なり分離したこれらの特性は、一つの大きな生命体に有機的に結びつけられた構成要素であり、本質的にまた精神的に首尾一貫する一つの大きな全体の構成要素なのである」。この有機的な結合は、フレーベルによって幾つかの見地で考えられた。それらのすべては、いかにもフレーベルがシェリングから借用した基本的な説を考察する、ただ異なっただけの方法なのである。神は統一であり、そしてフレーベルにとってはすべての発達はほとんど神の本質の開示であるから―彼の見解では―統一の全体は過程内のあらゆる点において効果的に作用するということになる。このことは、一つの大きな統一と同様により小さな下位の統一にも保持されていると考えられていた。すなわち、「すべての植物の本質的な本性は、植物の個別の部分に、ある特有の方法で存在する」。「胚種がそれ自体のなかに、植物と全植物の生命を含んでいるように、子どもはまた子ども自身の内に完全な人間と人類の全生命を含んでいないのであろうか」。「すべての木の生命は、―実に全植物の生命も―すでに木の各々の発芽する種子の内に働いていないのであろうか。まさに、そのように活動的な各々の子どもの内に、子どもの各々の活動の内にすでに人間の生命のすべてが、―実に人類の生命のすべてが働いているのである」。この内的結合の見地、部分と全体の(*Gliedganzes*)説は、フレーベルの社会に対する個人の関係についての概念の基礎であるように思われる。

内的結合のもう一つの方針は、フレーベルの象徴主義の基礎を据えている発達の概念の内に見出される。

もし、発達が最初から潜在的に与えられたものの単なる発露であるならば、その時には発達のどの過程の初期段階にも同じものの後の段階の暗示を与えるか「指し示す」ことになる。発達は普遍的であるのであるから、至る所で「予感」と「前兆」が見出されるであろう。「その現象すべての必然的な多様性の内にある人間の生命は、それ自体の内で完全な統一体であるので、後の生活において優位となる精神的なすべての活動を、最小の形跡や最も僅かな萌芽の内でしかないけれども、嬰児の最初の生命においてさえ、我々は認めることができるし、また考察することができる」。そしてまた、すべての発達は並行であるので、一致する段階は互いに「指し示す」にちがいない。すなわち、どのような人間でも発達の第一段階は、どこでも見出される他のどの第一段階とも重要な関係を持っているのである。このような内的結合の型が、「一致」説と結びつけられた時に、フレーベルの象徴主義の基盤を確かに形成するのである。

第六節　「対立の法則」

この章においてこれまで論じたすべてのことは、二つの一般的な概念の一つか、あるいは両方に依拠している。第一に、世界は全般的に、また各々の幾つかの有機的な実在は個別的に、本質において神的なものであるということである。第二に、この神的な本質は、始まりから内包されていたものを外に向かって展開することによってそれ自身を顕わすように常に努めており、展開するすべてのものは同じ法則に従い、またその結果として同じ特性を示しているということである。フレーベルが展開は起こると思いついていたことに従えば、普遍的法則それ自体が次に我々の注目を求めるのである。

「発達は、媒介の繋がりによる対立するものの一致の結果である」。「生命のすべての現象の内には、正反対のものの結合か、あるいは対立するものの媒介がある」。「本性と生命の内には、第三の結合している現象が、二つの全く対立する現象の間にそれ自体を常に現わす」。「結合の法則は、世界における根本的な法則である」。哲学に精通している読者は、これをフィヒテやヘーゲルの定立、反定立、綜合の概念と認めるであろう。事実、フレーベルは時折この正式な術語を用いている。しかし、フレーベルの説と二人の哲学者の術語との結びつきがフレーベルに対して向けられたとき、彼は次の引用のように述べている。すなわち、「それは、それらの両方であるし、なおまたそれらのどちらとも共通な点を何も持ち合わせていない」。いずれにせよ、我々はフレーベルの法則の哲学的な面に関わっているのではなく、ただその教育的な適用に関わっているのである。教育学説への言及は、ほとんど数え切れない。というのも、フレーベルは彼自身が述べているように、法則が根本であると感じていたためである。すなわち、「私の教育方法の全体的な意味は、この法則にのみに基づいている。この方法の成否は、それを認めるか認めないかに命運がかかっている」。現時点では、法則の作用している二つの例を提示することで十分であろうし、またそのさらなる解明は次章に託すことにする。「すべてのものは…その類の対立物と結びついている時にのみ知られることになる」。このように、人は堅いという概念を柔らかいという概念との繋がりにおいてのみ知ることができるのである。二つの概念が同時に出現しなければならないのである。さらに、「球体と立方体は純粋に対立するものであり…結合の法則は、これらの二つの対立物のために結びつけるものを、しかも円柱のような立体…を必要とするのである」。この考えから、円柱が「恩物」のシリーズに加えられたのである。

第七節　章のまとめ

概括的に言えば、フレーベルの教育学説の基礎となる根本的な諸概念は、次のようなものである。すなわち、(一)統一体としての世界と、その世界の内にある個々の多くの有機体、その源と本質としての神の概念、(二)それによって、神の本質が最初から暗示されていたものを顕わし明らかにする普遍的法則としての発達、(三)至る所で見出される発達のすべての事例の相似と並行、(四)「精神」と「身体」の間の至る所に存在する「一致」説ないし類似の説、(五)前述の結果としての世界に行き渡っている結合の体系、(六)全体が各部分に作用する部分と全体の説ないし成員と全体の説、そして(七)その方法によって発達があらゆる場所で起こることによる方法としての対立の法則である。次章では、今日の教育のためにこれらの価値を判定する努力のなかで、これら諸原理の評価が成されるであろう。

第二章　基礎となっている原理の検討

フレーベルが属する一般的な哲学動向を十分に論じることは、本研究の範囲をはるかに越えるであろう。シェリングの体系とフレーベルの結びつきは極めて緊密ではあるが、我々の目的のためには、それさえも無検討のままにしておいてよい。実際、我々はフレーベル自身の学説の余分な哲学的なものを評しようとは努めない。なぜなら、そうすることによって全体の論議を、意見の異なる著名な思想家たちの幾つかの事柄の内の一つの解釈に、関わり合わせないようにしたいからである。したがって、主な注意はより直接的に教育の実践に影響を及ぼすフレーベルの学説に傾注されるであろう。また、それらの批判は、可能な限り最近の教育的見解の内で一般的に認められている考察に基づくであろう。

第一節　フレーベルは汎神論者であったか

フレーベルの全世界と神との関係の概念を考察することは、定めた企図をまさしく侵す危険があるが、—

その他の点で価値のあるものではないとしても—ある人たちには興味のあるものになるであろう。彼の所説は、すべてに等しくアピールするものではないであろう。ある人たちは、神性のより神格的な面がすべてにおいて余りに汎神論的体系の内で損なわれていると感じるであろう。他の人たちは、『人間の教育』において叙述されている多少曖昧で神秘的な関係のなかに、満足のいく科学的な説明を解読し得るかどうか疑うであろう。この後者のグループは、科学的な関連は「各々の事物の内で働いている神性（の原理）が各々の事物の本質である」という言説によって意味されているものを問うであろう。本質は、ここで用いられているように、現代の考えから隔たった中世の概念であると言えるであろう。さらに、第三のグループの人たちは、彼等の見解では著者が究極的なものに関し、すでに過去の時代の思想に属する概念を言い過ぎてはいないかと、異議を唱えるであろう。

これら幾つかのグループの見解を無視して、我々はフレーベルが神から成る自然と人間について何を考えていたかを直接的に問うことにしよう。答えは簡単ではない。フレーベルの表現のあるものは、確かに人間の特徴を意識と自発的な知性として暗示している。他方で、すべての人格的な属性が、時には排除されているように思われる。人格は、次のような章句において暗示されているように思われる。すなわち、「人への神の父親のような親切、愛、善」、「我々のために考え、我々を愛する父」、「慈愛に満ちた父のような神」、「自己意識…統一…神」などである。この最後の句の「自己意識」は、一見したところでは明らかに人格を示している。しかしながら、他のものはそれほど明らかではない。宗教的な気質の人が、その効果が有益であるような自然の内にあるとされる力を叙述しようとするのに、大衆向けの用語を用いることは大変たやすいことである。我々の言語は神人同形論に満ちているし、擬人化はほとんど避けられない。フレーベルは、疑いなく強い宗教的な傾向を持っていたので、自分の解釈が普通の解釈でないと彼が感じたとしても、大衆向けの用語を使用したのであろう。余りに多い無神論の非難は、恐らく彼の晩年に他の宗教的な人々と同じように考えたものを何でも強調させる気にさせた。科学的な主張や無神論の概念さえも、その正統的な用語への直接的な言い換えを、一節の内に書き留めていることは興味深い。すなわち、「自然や生命の内に、そしてその自然と生命の両者の現象の内に、神の不朽の力が際立っている。我々は、キリスト教徒としてこれを不朽の神の摂理と神意の導きと呼び、またそのことが我々の心奥の考えの表現に合致する時、我々は…そのなかに…神の声と意志を認める」。フレーベルは、至る所で専ら神への宗教的な態度の代わりに控えめな普通の言葉で、自然について次のように言及している。すなわち、「自然は…すべての存在と生命の源泉」、「自然への完全な信仰に憩う」、「自然への信仰」、「自然と調和した感情」などと述べている。次の言葉は、より明白な汎神論的なものである。すなわち、「同じ法則が至る所で支配し、神の一つの法則は、千倍もの多くの面でそれ自体を表現するが、しかし詰まるところ、神にとっては神自身が法則なのである」。このことを踏まえて、すべてを包含する神的な心の内に人間の個々の意識を融合させている二つの章句がある。すなわち、「また、宇宙で多数の孤立しているように見えるすべての生命は、その内なる本質に従えば、ただ一つなのである」。「有限なもの、人間の内に生きていて、また顕われる神の精神は、微かではあるがその神の起源から成る早くからの感情を持っているのである」。

これに関連して、フレーベルの汎神論の否定は興味深い。まさに前に引用した「神は神自身が法則である」というフレーベルの見解の表明に対する答えに、居合わせた人が「それは人々が汎神論と呼ぶところのものである」と言った。すると、フレーベルは「私は汎神論者たちのように、世界は神の統一体であり、神が家のなかに宿っているように、世界の内に神は宿るとは言わない。しかし、神の精神は、共通の生命の原理として、本性の内に宿って生き、すべての事物を産出し、育て、また展開するのである」と応答した。用語についての論議は我々には無関係であるが、もしフレーベルが自分は汎神論者であったことを示そうと意識的に説明したのであれば、多分彼はより巧みに説明できなかったのであろう。自己意識が神に帰するにも拘わらず、また大衆的な宗教用語にしばしば陥るにも拘わらず、フレーベルの意識的な理論の総体的な背景は、汎神論そのものではないにしても、確かに汎神論的であると結論づけることに何の躊躇もないのである。

第二節　フレーベルは進化論者であったか

次に我々の注意を要するもので、特に難しいものの一つが万物の発達説である。我々がそれをより一般的に例えて言う、宇宙の発展ないし進化は、取り扱うには余りに広大な論題である。哲学的に、進化論者たちは進化の過程で事実上目新しいものが現われてくることを認めるか否かによって分けられる。フレーベルは、進化が単にずっと暗示的であったものを明示的にすると考えているので、後者の否定するグループのなかに確実に入ると思われる。我々は、それを―宇宙が発展する限り―特別な言及が不足している事実と、さらにフレーベルが過程の無限ということを考えていたという事実にも拘わらず、結論づける。彼が「自然の発達における永遠に進歩する多様性」と言い、「精神は…それ自体をさらに開示し…続けるであろう」と他の所で主張しているからである。しかしながら、フレーベルの全体の意識的な態度は、現れてくる目新しい観念を否定していると、我々は感覚的に認めるのである。

もしフレーベルが種の起源、より正確には種の変化を信じていたかどうかが問われるとするならば、躊躇なく明確な否が認められるであろう。そのような説はどの点でも彼の思考の外にあると思われる。彼は、「この地上のみに」見出されるべき「発達の上昇する段階の広大な連続が」あると、全く疑いなく述べている。しかしながら、この連続は実際それが人間の文化的発展以上の何かに言及されるならば、その本質においてダーウィン主義者ではなく、アリストテレス主義者である。その諸段階は、生命の精神や意識を表す際の程度が異なっているので、価値において異なっている。すなわち、より高いものが決してより低いものから湧き出るのではない。そのことが行われる限り、すべては神から等しく直接現れるのである。この思考様式の例は、「人間の骨格は、自然が創造のより低い形として生みだそうと努めた根本的な型として考察されるべきである」という（一七九九年の）バッチェの教えについてのフレーベルの同意（一八二七年）において見られる。発達は普遍的な法則であるということ、また「すべての発達が…同じ法則に従って続行する」ということは、―我々があまり厳密に検討しないのであれば―今や平凡な思想である。フレーベルは、ここではその哲学において後に科学によって確立された確実な一般的観点を先取りした思想家のグループに属している。しかし、我々はフレーベルが心の内にダーウィンの「自然淘汰」のような概念を「一つの法則」として持っていたと仮定するならば、大きく間違えるであろう。フレーベルの一つの法則は、フィヒテの定立、反定立、綜合であって、それは幼稚園教員たちが「対立の法則」と呼んだものである。フレーベルの「全世界の宇宙的発展」や彼の「完全な世界過程」は、それらの内に「種の起源」と似たものを何も持ち合わせていないということ、また彼にとってすべての「発達は、媒介の繋がりによる対立するものの一致の結果である」ということを我々が考える時に、彼を普通の生物学的意味で進化論者たちの仲間に数えることに戸惑うのは明らかである。彼のアリストテレス主義への支持は、同時代人の多くの者よりも強かった。しかしながら、彼は哲学的な進化論者であった。全体としては世界を、特に人類を取り上げながら、フレーベルはより高い水準へと常に上昇するという考えを強調した。「神の世界の内においては、神の世界はまさに神のものであり、神によって成し遂げられたのであって、あるものが確実に表現され、またそれはあらゆるものにおいて、またあらゆるものを通じて、途切れることなく進行していく発達なのである」。「人類の歴史は、全世界のように妨げられることのない同様の発展を示しているのである」

第三節　あらゆる発達の並行論

第一章において、フレーベルの見解として「自然と人間は起源を一つの同じ永遠の神のうちに有し、またそれらの発達は発達段階がただ異なるだけで同じ法則に従って行われる」ということが指摘された。このことからは、「様々な個々の自然現象の高度に象徴的な意味が、特に人間の発達段階と自然の事物の発達段階との関連」が結果として生じる。このことは、例えば人間の発達と植物の発達は、両方とも同様に同じ法則を通してそれ自身を表現する聖霊の成果であるから、二つの発達を相互に明らかにするに違いないことを意味している。すなわち、対応する段階は、直接的に類似の結びつきを示すにちがいない。この並行論の意味は、フレーベルが何度も繰り返して説く主題である。我々は、木々が「明らかに確か」であるだけでなく、「外的に理解できる」ということに言及し、また人間が「生命のあらゆる瞬間になされる事柄を確実に学ぶ」ことができるということにもすでに言及した。フレーベルは、他の所で「我々幼児が訊ねるものは何でも、あなたたち花々がいつも答える」と述べているのである。

もちろん、最後のような詩的な叙述が文字通りの応答を生み出すことを求めるのは難しい。それゆえ、また多くの人たちは、さらに何かを主張するための想像やユーモアの感覚のどちらか一つが欠けていると思うのはであろう。しかしながら、フレーベルが叙述をそのような想像的な仕方で行おうと意図していると言うのは間違いであろう。それらは、彼にとって文字通り科学的な表現なのである。時々、彼は詩的仮定のいかなる思考も正すのに十分な散文的な言葉を用いる。かくして、結晶体の長い論議の終わりに、彼は次のように述べている。すなわち、「結晶体の発達の全過程には…人間の思考と心の発達との極めて注目すべき一致がある。また、人間は外部への開示において、―結晶体と同じように―彼自身の内に生き生きとした統一を有しながら、最初は偏頗性や個別性、不完全さを示すが、後になってやっと全面性や調和性、完全性へと高まる」。同様に、結晶体の形としての立方体は、「それぞれの事物を統一、個別性、また多様性へと表わす偉大な自然法則と傾向の最初の普遍的な明示である。すなわち、最も特殊なものを一般化し、また最も特殊なものの内に最も一般的なものを表現するのである。また、最後には内的なものを外的なものとし、外的なものを内的なものにして、両者を調和と統一において表わすのである」。前述の見解においては、次のことがフレーベルの結論である。すなわち、「同時に、人間もまたそれらの偉大な法則に完全に従うべきであることを、我々が心の内に留めているならば…これらの考察が我々にまた人間の本性を明らかにするであろうし、自然の法則と人間存在の法則に従って人間をどのように発達させるか、また教育するかを我々に教えてくれるのである」。

もし、読者が少し注意して前述の引用を根気よく熟考すれば、それほど近づきがたくない実例からよりも、むしろそれらの通常ではない陳述から、フレーベルの見解を得るであろう。フレーベルは、非常に形式的な専門用語で発達を叙述することを好むのである。すなわち、「各々の事物を統一や個別性、多様性の内で表現せよ」、これは繰り返し見出される章句である。また、「最も特殊なものを一般化し、また最も特殊なものの内に最も一般的なものを表現する」が、一つか他のかたちで少なくとも五〇回以上は見出されるのである。「内的なものを外的なものとし、外的なものを内的なものとせよ」は、直接的、間接的なかたちで百回以上も見出される。このような定式化をフレーベルは「偉大な自然の法則」と呼ぶ。フレーベルが簡単にそのような形式的な「諸法則」を説明する例を見出し得たことが、彼には諸法則の妥当性の証明と思えたのであった。ところが、実際はそれとは反対に働いているのである。「内的なものを外的なものとしている」二つの極端な事例が、その点を説明するであろう。一つは、子どもは遊びにおいて、「内面の欲求が、また－目標に伴う結果の混乱をともかくやり過ごすことで－外に表われるかもしれない」ために、積み木の家を造るのである。結果と目的の混同は、大目に見よう。二つめは、初期の動物の生命は、甲殻類動物におけるように、外側に骨の組織を持っていたし、内側に肉の組織を持っていた。後の動物は、これを逆転させて内側に骨格を、そして外側に肉を有している。すなわち、「下等なかたちでは、外にあったものが今は内にある」のである。そのような多様な例を一つの法則のもとに含めることは、科学というより言葉の語呂合わせをしているようなものである。けれども、それがフレーベルの全くの特徴なのである。

この考えの姿勢で、フレーベルは人間とより下等な自然との間の類似を求める。前に引用した結晶体の場合を考察しよう。不完全さは初期の結晶の形や子どもの特徴であり、一方で調和と完全さは後の結晶の形と十分に発達した人間の特徴であると、フレーベルは言う。述べられたような類似は真実かもしれないが、しかし結晶体から新しい光明や暗示が現れるのである。未完成ははじめ人間のなかにあるという考えであったが、後に結晶体のなかに見出されたのである。そのように、一般に自然が人間に解決の光明を投ずると言われるところでは、はじめに特徴が人間において認められ、それから下等なかたちのもののなかに読み取られ、最後に人間自身の内に戻ってくるのである。このようなやり方は、類似と象徴主義のほとんど数えきれない実例のどれにも現れている。人間と木々の並行論を考察しよう。我々が木々から我々の義務を学ぶと、一体どのような意味で言えるのであろうか。ただ我々がすでに人間の義務の観念をそのような程度で一般化しているのであれば、我々は木々の争いと人間の争いの間に何らかの類似を見ることができる。しかし、さらに思考は木から人間へと移る前に、人間から木へと移るのである。この並行論は、もっともらしいことであり、またフレーベルの考えの動きをよく説明しているのである。

第四節　「一致」説

発達の並行論のもう一つの形は、いわゆる「一致」の法則であり、心ないし精神と自然は神の並行な開示であるという説である。シェリングは、多くの哲学学派にとって困難な問題となっている思考と自然における思考の目的となる相対物との間の一致を説明するために、この説を提示した。もし、哲学的論議を避けるために、我々が前提において特別な仮定を作らないならば、我々は少なくともいかなる確かな思考とその対象との間に働く一致の存在を認めることに少しも異論を持たないであろう。そのような場合に認められた一致が単なる類似にある種の形而上的な存在関係を与えるような方法で他の領域にまで持ち越される時、異論が入るのである。私には見解の特別な主張を見出せないが、例えばあたかも球が本質的な統一を象徴しているに違いないように、球と統一との間に何か本質的で絶対的に存在する結びつきがあるということを、フレーベルは常に感じているように思われる。フレーベルにとっては、子どもの心の内に眠っていると仮定される思考の種子を象徴が意識へと覚醒できる以前に、そのような絶対的に象徴的な特質が必要なのである。この「一致」説の実際的な意味での議論は、第三章における象徴主義の論述で述べられるであろう。ここでは、恐らく伝統的な幼稚園教員たちの立場以外に、フレーベル主義の「一致」を受けとめるものは誰もいない、と言うことで十分である。

第五節　内的結合

内的結合の法則は、大部分が前述の諸法則の帰結であるが、別の取り扱いを必要とする。すなわち、内的結合の法則は部分的には前述の諸法則より一般的であるからであり、また部分的には多くの実際的な意味を持っているからである。さらに、内的結合の法則はフレーベルの教えの最も異様なものを備えているので、興味をそそるのである。概して、この法則は世界におけるどの二つの事物の間でも存在し得るものは何でも、あらゆる様式の結合を含んでいるのである。より狭い意味では、内的結合はどのような一つの法則の作用からでも生じるあらゆる結合を含んでいるのである。もし、いかなる特別な法則も原因として認められるのであれば、―フレーベルは自然法則をそう考えたようであった―至る所に見出される法則の幾つかの共通の結果は、内的結合の実例を与えるであろう。因果関係のこの狭い意味では、あらゆることがその結合において教えられるべきであるというフレーベルの言明を何の修正もなしに受け止めることはできない。このことがすべてであるならば、議論の必要もないであろう。

　しかしながら、フレーベルの科学は必ずしも難点がないわけではないし、それゆえ彼によって提唱されている有益な内的結合に関する重要な事例としての幾つかの例は、今日重要性を持たないであろう。それらの諸仮定の最も興味のあるものは、恐らく言語についての彼の研究である。フレーベルの最も忠実な信奉者たちは、また彼の結晶学について敬意をもって話す人々でさえも、フレーベルの言語学の分野への参入を残念に思わざるを得ないのである。すなわち、彼の一般的な立場は、「内的世界と外的世界のすべての法則は、全体としても個別的にも、言語において現わされなければならないし、言語そのものの内に存在しなければならない」ということなのである。[1] この一般的な陳述に続いて、明らかに彼の遊びのための基盤を言葉で補おうと意図されるもっと特別な陳述がある。つまり、「我々の試みと知識の不完全さと断片性…にもかかわらず、しかしあらゆる言語において―第一に我々の母国語（ドイツ語）では―結びついた音と綴りが、内的必要性に依拠している明確で確実な数学的、物理的、物理・精神的法則を表明しているということが、どの段階でも裏付けられているという確信を我々は抑えることができないのである。つまり、事物の叙述は…一定の音と綴りを必ず必要としているのであり、それ以外のものではないのであって、ちょうどどのような物質的・化学的な産物も一定の限定された基本的な物質の結合の結果のように、各々の言葉も一定の言語の要素の必然的な産物なのである」。かくして、「球という語は、我々の重要な言語において、いわば球が万物の象徴であることを指摘している表現（*der B-all ... ist ein Bild des All*）と意味にあふれている」のである。同様に、― 恩物シリーズの一つである ― 二インチの立方体の形を構成する八個の一インチの立方体は、発明者や観察者にとってはまるで無言で常に新しく「注意しなさい。注意しなさい（*Hab' acht! Hab' acht!*）、注意しなさい。注意しなさい（Take notice! Take notice!）」[2]と言っているのである。フレーベルは至る所でこの後者の語呂合わせを「言語への高度の洞察」と言っているのである。

　結合の法則の他の言語の例は、語呂合わせと密接に関係している。すなわち「それは、より格別に、私の思考をやがて夢中にさせた言語の深い哲学的（高度の物理学的）な見解であった。…それは、子音が物質や身体と（外的）客体を象徴すると同時に、いわば母音が…力や精神と（内的）主体に似ていると私には思われた。しかし…人は主体と客体の二つの対立物を、話す音の範囲内で理解するのである。例えば、*i*の音は絶対的な主体や中心を叙述し、*a*の音は絶対的に物的な客体を叙述するのである。*e*の音は一般的な存在のために生命を与える。そして、*o*は個々の生命を個々自体のみに限定された存在のために与えるのである」。その他の所でも同様に、「文字がその起源と発展を負っている法則は不明確になっているが、最初の基本原理が残した僅かなものは形と意味の間の内的結合を明白に指摘すると考えられる ― 例えば *o*という文字は、完全な自己限定という観念のための言葉の象徴としてあり、ｓという文字はそれ自体に戻るという観念のための言葉の象徴としてある」などの例である。

内的結合の最も不可思議な例の一つは、数において見られる。すなわち、「算数（数）は、第一に力の明示の外的な表明と見なされてよいであろう」。より明確には、「数は…内的な力の方向からの外的明示によって決定されている」。特に、五の数は「驚くべき象徴主義と意味を伴って来る」。それは、生命の力の影響のもとで発展したので、真に分析的、結合的な生命の数であり、理性を表現し、止まることのない自己発展と自己向上の数なのである」。事実、「五の数が表れるところではどこでも、紛れもなく生命のより高い段階の証しがある」。このように、「芯や核のある果実の木のすべて、またその科に属するすべての植物は、あたかもそれらの果実の特別な享受が、それらを貫いている五の数の法則のうちにあるかのように、それらの花の内の五の数を示している」。この数の意味深さを描くために、『母の歌と愛撫の歌』には五本の指と同様に、五の数を呆れるほど数える絵が宛われている。すなわち、五人の人たち、五頭の鹿、五匹のうさぎ等々である。確かに、五つずつからなる二五の別々のグループが、一つの絵のなかに見出される。正統的かつ保守的な幼稚園教員が、それらの象徴的な絵に教育学的な効果があると信じていると思い起こされる時、神秘的な信心深さの限界は確かに見出されるように思われるのである。

我々は、読者の心の内においてすでに疑いないものとなっている次の言葉を差し挟むことによって、この話題を結論づけてよいであろう。すなわち、いかに他のことがフレーベルに当てはまるかもしれないとしても、彼のユーモアの感覚は欠けていたのである。これらの不条理が公表され得たのは、それ以外の理由がない。そして、実にその欠点が、この人の特徴なのである。原理が良いにしろあるいは少なくとももっともらしいにしろ限界内に保たれていたならば、我々は極端に駆り立てられた馬鹿げた実例を指摘する機会を時々持つであろう。思うに、人は木の生命から彼自身の生存競争の本性に関するヒントを得るかも知れない。しかし、このことは人が木から「生命のどの瞬間にも為されている事柄を明確に」学べると言うことからは程遠いのである。確かな文字の存在を表現する諸法則がある。例えば、子音の変化には「グリムの法則」があるが、しかし「*i*の音が絶対的な主体を表現するものとして」、また「*O*の文字を絶対的な自己制御の観念のための言葉における象徴として」などであるのは、これらと語呂合わせや五の数の象徴的意味などである。内的結合に言及するのは、もうこれでよいであろう。

第六節　部分と全体の関係

「部分と全体」(*Gliedganzes*) 説は、フレーベルがどのようにして好ましい説と考えることができたのか、また同時にそれは支持できない原理に基づくもう一つの例を提供している。「部分と全体」によって、フレーベルはある意味で各々の部分がその属する全体を反映し、写すということを示している。このことは、社会の一員としての人間に、また植物の一部である一枚の葉に当てはまるであろう。「部分と全体」の限界の範囲内で、部分と全体の概念は、社会に対する個人の関係についての明確で正当な陳述を提供している。つまり、それは極端になると理解できなくなり、また受け入れ不可能となる。第一に社会の側では、「部分と全体として、子どもの二重関係の個人の側に、いかに、また何を通してこの感情が、目覚めさせられるのであろうか。

…この感情は、子どものために、また子どもとともに行われるほとんどすべてのことによって目覚めさせられる。種々の方法で、子どもは、一般的で集団的なものと対比するなかで、（特に成人した人々たちと対立するものを通して）個別的なものや個人的なものとして自分を感じたり見たりするのである。しかし、…一方で両親とともに…あるいは少なくとも真の教育者たちとの交流のなかで…子どもは目に見えないが一体となった結びつきを、すべての成人した人々を含む結びつきを直ぐに感じるのである」。「幼稚園への入園で、子どもは生活の多様な新しい関係に入り、…第一に仲間たちとの関係に、またそれら仲間たちと全体の個人的部分としての関係に入るが、しかし彼もまたその全体の一部分であり、また彼は全体から得ることもあり、失うこともあって、さらにまた全体に対する義務を持つことにもなるのである」。これらの諸陳述がある限り、より好ましいものを作り出すことは難しいであろう。個人は、ある観点からすれば、一つであり、全体なのである。個人という言葉はこのことを非常にはっきりと断言する。また、他の観点からすれば、個人は社会全体の一部分にすぎない、個人の起源、個人の存続する存在、および個人の人生の内容は社会に帰する。実際、個人は一つの部分と全体・「一つの部分―全体」なのである。

しかし、フレーベルは、シェリングとともに説を先に進める。「全体の内にあるものは、全体の最小の部分の内にもある」。「すべての植物の本質的な本性は、植物の個々の部分それぞれに、ある特有の方法で存在する」。「各々の連続的な形成は、薄い外被の内に、最終的にはただ微妙な香りに被われたようになるまで、ただ植物の本質的な本性を表すのである」。ある花々はただ葉が変形したようであるけれども、多分このような幾つかのそうした事実はフレーベルにとって説の具体化である。しかし、説の起源はフレーベルの植物観察よりも古く、シェリングよりなお古いのである。「本質的な本性」は、明らかに中世的な「本質」であり、前者に対して種子がすべてのなかに生物の種の包摂された個々の構成物を必然的に残しているような本質である。「すべての木の生命は、―実に全植物の生命も―すでに木の各々の発芽する種子の内に働いていないのであろうか」。これは、論理と科学を併合させる中世的な現実主義の巧い陳述である。どの木も植物であり、またこの論理では一つの植物の本質の提示によってそうなのである。この本質は、どこでも同じように見出されるに違いないし、そのように「全植物の生命」（この専門的な意味で）は木の内に存在するのである。同じ方法で、木の本質は種子の内にあるに違いない。なぜなら、―この論理によれば―種子のなかに存在する木の本質が新しい種類の木へと「内容」（土等々）を形成するのである。もし今、植物の本質が特別な本質の一部分として木の内にあるならば、そのように「全植物の生命」は木の本質の部分として種子において も同様に働かなくてはならない。「本質」は、この現実的な意味で、その科学的な時代には知られていないし、すべての議論は全く失敗している。それゆえ、「全体の内にあるものはまた全体の最小の部分の内にもある」という説を、我々は直ぐに拒否してよいであろう。我々が受け入れる部分と全体説の社会的側面は、こうした形而上学的理由ではないのである。

第七節 「対立の法則」

対立の法則は、フレーベルにとって「世界における根本的な法則」であることは、第一章で指摘された。その教育的重要性は以下の明確な陳述において理解された。すなわち、「私の教育方法の全体的な意味は、この法則にのみ基いている。この方法の成否は、それを認めるか認めないかに命運がかかっている」。この非常に強い主張は、我々がフレーベルの「教育方法」を恩物シリーズと彼が定めたその用法と同一に考えるのであれば、多分正当化される。その主張が絶対的に真実であるかどうかは、後の綿密な検討によってのみ答えることができる。このことは我々を必ずうんざりさせるほど細かなことに立ち至らせるであろう。なぜなら、この説でのフレーベルの思考が、通常でない曖昧さだからである。

我々は、特別な用法を認める言葉で法則を定めている難しさを最初から見出す。事実、フレーベルは、自分が迷っているという明らかな意識なしに、法則の二つの若干異なった概念の間で迷っているのである。我々は、次の多少明確な陳述を、事例一と呼ぶ。すなわち、「すべての進歩や発達と教化の（従って一般にすべての教育の）基本的な法則は、何か与えられた事物から、その与えられた事物の範囲内で純粋に対立するものへと進むことである」。この文脈の意味が説明されている。ちょうど一枚の正方形の紙が一本の対角線に沿って折られ、そして図のようになるように開く。そして、次にどのようなステップが続くべきであろうか、という問いが生じる。[3]フレーベル自身は、中央を水平の線で区切るように折っている。フレーベルによって示された事例一の他の諸例としては、「対立の支配している法則に従って、分けられていないものから分けられたものへの進展がある」。また、リーナが書くことを学んでいる時、彼女の母親は直ぐにそれとともに「その対立」である読むことに結びつける。これらのすべての応用は、互いに矛盾しないし、事例一で明言されている法則との調和に一貫性があると容認されてよいのである。

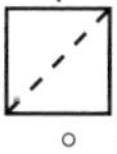

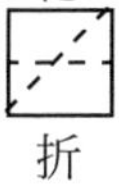

しかしその他の所で、フレーベルは「媒介の繋がりによる対立するものの一致」、そしてまた「（互いに似

ているけれども対立している、各々二つの事物や特性などの間を）結びつける三つ目のものを意識的に応用することを述べている。第一章において述べられたように、法則のなかでは「媒介して結びつけるもの」や「結びつける三つ目のもの」について、何の言及も為されなかった。そこで、第二の例（事例二）がここにある。それは、次のように我々に述べている。すなわち、関係が二つの対立された要素を含んでいる時、二つを一致させるか調和させるような第三のものを探し求める。その探求は、期待の内に行われるかも知れない。なぜなら、フレーベルによれば「自然と生命の内には第三の結合する存在自体が、二つの純粋に対立する存在の間で常にそれ自体を示している」からである。この事例二に関し、二つの例が説明として十分であろう。すなわち、語られた言葉は「それは、純粋に内部の目に見えない思考と全く外部の永久に見える記号（書くこと）の間にあるということである。それは、それ自体のなかで思考と書くことの両方の本質と特質を結び、またそのように両者を結びつける」ということである。「球体と立方体は純粋に対立するものであり…結合の法則は、これら二つの対立物のために結びつけるものを、しかも円柱のような立体であり、かつ遊びの対象を必要とするのである」。

ここまで、我々はフレーベル自身が作成している見かけは明らかに人為的な範囲にある陳述と説明以上のものをほとんど持ち合わせていない。しかしながら、我々は教育思想や教育実践のための一般的指針として、法則の用法を知りたいのである。それには、法則の二つの事例を分けて取り扱うと都合がよいであろう。フレーベルは、事例一を少なくとも三つの方法で用いている。すなわち、（一）ごつごつしているかすべすべしているかというような対立している概念を教える際に、（二）「美の形式」を作り出すために、積み木を並べる際に、(三) 通常の教育手順と実際の生活場面で、公然と用いている。我々は、これらを順に取り上げよう。

ごつごつしているかすべすべしているか、堅いか柔らかいか、そしてそのような対になった対立の概念を同時に教えることの当否に関して、見解の違いはほとんどないであろう。もし二つの概念が一緒に学習者の意識のうちに浮かんでくるのであれば、— 全く多くの者がしている — それらは恐らく同じような配慮を親か教師から受けるべきである。このことは、すべての「対立物」がそのように取り扱われるべきであることを意味しないし、ただ学習者にそのように同時に現れることを意味しているだけなのである。例えば、二つが対になった対立物であるという事実にも拘わらず、幼い子どもは、上についてはは少しも触れることなく、下についてより多く学ぶかもしれないということは可能である。このように、一定の妥当性が事例一のこの例における法則に認められる一方で、法則それ自体は、恐らく対立するもののどちらかがそのように教えられるべきか、どちらがそうでないかに関して区別しないことに失敗しているのである。述べられたように、法則は対になった対立物のすべての例に適用するように思われるが、実際にはただこれらの一部分にのみ適用するのである。

さらに、「美の形式」の作成を助けるために対立の法則を用いることは、通常の学校の実践から排除されている。幼稚園の「美の形式」は、審美的な感覚に訴えるためにデザインされた積み木の配列なのである。通常、美の形式は中心の回りに対称的になるように作られている。積み木は、中心かあるいは同等の中心線の「対立」する側に対にして置かれる。同様に、何か一つの「美の形式」からそれぞれの積み木を「対立」する方向に(例えば、積み木の前の位置の右角に)移すことによって第二の美の形式が作られるのである。フレーベルは、対立の法則のこれら二つの使い方は、子どもたちが自分自身でたくさんのそのような美の形式を考案することを可能にしたと考えていた。このなかに何かがあるということは疑いないが、しかしどれ程なのであろうか。とはいえ、美の形式はこの方法で本当に価値あるものを得ることができるのであろうか。答えは、難しくないように思われる。保守的な幼稚園の教師集団では、誰も遊戯が役に立つとは考えていないように思われる。どの図画の教師も対立の法則を参考にすることに関心を持っていないし、また進歩的な幼稚園教員たちは対立の法則を放棄しつつある。フレーベル自身は、自分が「美の形式」を用いることよりも「美の形式」そのもののために、「美の形式」によって法則を象徴化することに、一層多く専念したのである。彼は、主題の論議の最後に、次のように述べている。「知覚できる現象という手段によるこの普遍的な法則の実例は、我々の判断では、…大気から空気を吸うのと同じように、子どもの心情と魂を養うために重要である」。そこで、「美の形式」との関連で要求され得る最大限のことは、価値が極めてない活動における法則の疑わしい利用である。明らかに、これは法則の普遍妥当性を証明することに寄与しないのである。

対立の法則の事例一における最後の第三の応用、すなわち現実の学校や生活の場面の指導への応用は、フレーベルが明確な説明をほとんど提示していないので困難である。我々は、三つの一番もっともらしい例を考察しよう。リーナが書くことを学んでいる時、彼女の母親は書くことをその「対立」である読むことに結びつける。これが二つのことを結びつけている唯一の考察であったかどうか、フレーベルは述べていない。多分、法則は後からの思いつきであった。すでに為されたことを振り返りながら、フレーベルは彼のお気に入りの法則の例を見ることができた。彼は、法則が彼を導いたと考え違いをしたのである。読むことを書くことと結びつけるための全く別の理由がいかにも明らかであり、またここで我々が法則に何の重きも置く必要がないということで十分である。他の例では、フレーベルは母親に彼女の子どもたちが携わっている活動に命名するよう助言している。これは、効果を「高める」であろう。そこで、彼は「言葉と形は対立しているが、それでも関係している。それゆえ、言葉は常に形にその影のように伴うものでなければならない」と付け加えている。彼は次の言葉で論を終えている。すなわち、「さらに名前を通して形が記憶の内に保持されているし、また思考を明確にするのである」。フレーベルが対立の法則への言及の前後で、活動を名付けるための確かな理由を提示しているのは、興味深いことである。少なくとも二〇の例において、ここに挙げられた同じ確かな理由をフレーベルが繰り返していると知ることは、より興味深い。しかし、彼が対立の法則に基づいてその行為を命名したのは、ただこの一度だけである。かくして、また主要な理由は、対立の法則より全く他のものであるということが明白である。ふたたびフレーベルは振り返り、彼の法則の存在を見出し、また欺かれたのである。すでに言及した三番目の例は、正方形の紙を折るということである。対角線や水平の線によって折られた結果の型は、対立の法則によって見せかけに得られたということが思い起こされるであろう。結局、フレーベルは、この形によって右側の二等辺三角形は、同じ底辺で二分の一の高さの長方形に等しいということを示しているのである。この幾何学的な理由付には、明らかに予期しない対立を選ぶための理由が見出されるのである。[4] フレーベルは彼の提案を証明するために正方形を折り、またその後に彼が一つの対立を用いていたのを知ったということが否応なしの結論であるように思われるのである。――私はそれを対立とは言いたくない。

法則の事例一の三つの用法についての考察のなかのただ二つだけが、仮定された原理に対するある種の支持と、ある種の対になった対立を知ること、および「美の形式」を見つけるということを明らかにしている。しかしながら、これらの二つの間の結合は非常に少ないし、本質的というより偶然によるものなので、もっと説得力のある考察が提示されなければ、我々はそれらを一つの法則の例と呼ぶことはできない。そのうえ、さらなる熟考がより大きな弱点を明らかにした。三番目の応用のもとで持ち出された三つの例を思い起こそう。それらの各々において、法則が導かれたと信じることを、我々は拒否した。さらに、三つの例が回想で考察される時も、表面上の証明がある。しかし、何か二つの事物を考えよう。それらは、少なくとも幾つかの点（フレーベル自身の例は幾らでもできるこじつけのようなものである）における「対立」なのである。かくして、誰もが恣意的に選んでよいコースは何でも「一つの事物からその対立物に行く」であろうということが起こる。そして、すべてのコースはどれも法則の要求を等しく充たすのである。しかし、予期される選択のための基盤を絶対的に提示しない法則は、全く法則ではないのである。なぜなら、我々がどれか一方の方法を実行するかどうかに応じて、どのような結果を予期するかを前もって我々に告げるということは、法則の大事な本質なのである。引力の法則は、どのような動きを石に期待するかを私に告げる。もし、私が石を支えられない状態にしておくと、石は地表に落ちるであろう。もし、私がそれを支えれば、圧力が起きるであろう。しかし、この対立の法則（事例二）は、何を私に告げているのであろうか。一つの事柄でない。もし対立が結び付けられるために、私がコースを選べば、巧くいくであろうと自分に明言できる。実際、私が行うものは何でも、等しく対立を結び付けるであろう。そこで、事例一に関する限り、法則は何の妥当性も持たないのである。対になった対立を教えることはそれ自体と考察されるに違いないし、確かな心理（学）的考察から、妥当性を獲得するのである。同様に、この法則によって「美の形式」を作るために、ほとんど妥当性がないということは、対称的な形についての確かな考察とともに、「法則」の偶然の一致として説明されるべきことである。どちらの例においても、我々は仮定された法則に言及することによって得るものがないのである。それは、一般的な行為を指導するための規則として価値がないのである。

事例二の議論は異なる。ここで、我々は「互いに似ていても対立している事物の間を関連づけている第三のものの意識的応用」をしなくてはならない。我々はふたたび（少なくともフレーベル自身のものより幅広くは引き出せない範囲内で）「互いに似ていても対立」していない二つのものは無いということを指摘できるであろう。しかし、他の考察で十分である。目的を達成するのに有理で確実な観点をもって我々がここで行うことは、問題の状況の分析である。すなわち、我々は二つかそれ以上の対立している要素が我々に種々の要求をするところで、対立を一致させるであろう何らかの三番目のコースか観点により、問題を解くべきであろう。これは、極めて形式的な仕事である。我々は、それから案内を得ることができるのであろうか。一見したところ、求められる解決は常に二つの対立するものよりも、それらを一致させる何らかの第三のコースであろう。しかし、それは正しいのであろうか。何かの過失で罪のある少年が、罪を認めるか拒否するかを論じているのを想像しよう。真実か偽りかの二つの対立を一致させる第三のコースとは何であろうか。旅行の途中で、私が知らない道の分岐点に着いたと想像してみよう。この対立の法則は、私にどの方向を提示するであろうか。問題が生じた時、状況の種々の面が互いに不当に対立しているので、何らかの三番目の観点が対立を一致させる助けになるであろうということは、真実であると考えられる。デューイ教授の子どもとカリキュラムの取り扱いは、同名の論集のなかで優れた例を提供している。かくして、「法則」の事例二は、最善でもある種の問題解決の形式的な叙述である。そのような叙述を引き出すことは、法則を誤解させることであり、役立てることではない。

それから、残念なことにフレーベルが教育実践の基礎を「対立の法則」に置いたと言っているのは、彼が思い違いをしているように思われるのである。事実、彼は実践のある作為的な部分を「法則」に基礎づけたのであり、それゆえ我々が後で論じるように、それらは支持されないのである。しかしながら、彼の教育の生き生きとした部分は、そうした誤ったどの原理とも無関係なのである。

我々がこじつけの説明について評した際に、フレーベルを不公正に扱ったと誰もが感じないように、幾つかの注目すべきことを挙げる。

（一）「(対立するものの結合) この法則は、…音声そのものでもまた表される。なぜなら、*o*の音は*a*と*u*の二つの純粋に対立する音を結びつけるものであり、その最初の*a*は具体性を表現し、二番目の*u*は本質を表現するからである…。我々が*au*と言う時に、*o*の音を使用しなくては*a*と*u*とを明白な*au*の音に結びつけることができないので、実際には*aou*と言う。…言語は、対立するものの組織的な構成であり、それ自体は別々のものの一つの統一体なのである」。（二）積み木を組み立てること（第四恩物）で、次の恩物の特性に関して問題が生じる。すなわち、「垂直線と水平線は、ともに直線である。これらの線は、また方向において対照となっている線である。対照は、発達の普遍的法則に従えば媒介を伴う。対角線が対照をなす直線を媒介し、またそれゆえ直線が必要とされるのである」。三角柱は、その結果である。バークレイは、どこかで「心は学習のせいで堕落した」と言っている。確かに、この推論を受容させるには、少なからぬ心の堕落が必要であろう。㈢多分、すべての最も特異な例は、次の手紙の内の例に見出されるであろう。「貴女は、私が常々媒介の繋がりによる対立するものの一致に…伴う偉大な価値を思い出すでありましょう。私は、貴女自身の生活から引き出されたそれに関する私の見解の正しさの明白な理由を貴女に提示することができると考えます。…我々が北ドイツや南ドイツで見出す際立って対照的な対立を…ご存知ですね…。親愛なるルイーゼ、貴女はウイーン人で、南ドイツ人です。私自身の生活という仲介の絆は、最も完全で堅実な関係によって貴女と貴女に対立的な北ドイツ人のドリス・ルートケンス夫人とを結びつけるのに役立ちました。それから、また、貴女はR・B夫人とどのように関係するようになったのでしょうか。北ドイツとハンブルクの間に、何らかの対立があるのでしょうか。多分、たくさんは無いでしょう。しかし、B夫人はバーデンで幼稚園の原理を学んで、それを自分自身で丸一ヶ月をかけてじっくり考えました。彼女は南（バーデン）で…彼女によって彼女の内に生まれた…望みや物質的な必要品を満たすために、ついに石のように冷たいベルリンにおいて、火花が炎となり、彼女は北へ向きを変え、貴女自身をハンブルクに向かわせました…。それで、これらの出来事に…幼稚園の原理の真実を認めましょう」。

第八節　章のまとめ

以上で、フレーベルの教育学説の基礎となっているより根本的な原理に関する我々の検討を閉じる。彼の観念論哲学は、検討の余地がそこで採られている立場に基づいていると思われないように、評価を試みることなく看過された。汎神論という術語がフレーベルに相応しいと思われたとしても、それにも拘わらずもっと大衆的な信念の方向で、そのような立場からの新発展があった。発達説の点では、フレーベルは、近代のポスト・ダーウィン主義者の進化の特徴である下等な生物学的形態から高等な生物学的形態への進化を考えていないと見なされていた。しかしながら、下等な形態が高等な形態より先に現れたという意味では、彼は一般的な無限の発達を考えた。また彼は、人類が次々と高い段階へと常に発展していると考えたのである。フレーベルにとって大変意味のある、人間と自然の並行論は、検討では比較的意味のないように思われた。「一致」説は、沢山ではないが、ただ比喩的な妥当性を持つことが認められた。内的結合の法則は、事物の指導を目的との関係でそれらの因果的な結合のなかで考えている限り、十分な妥当性が認められた。この内的結合は、それ以上に極端に空想的になる傾向があった。部分と全体と全体の関係の説は、個人と社会の関係についての好ましい表明となっていると考えられた。しかし、他の点では不適切であるか、あるいは支持できないのである。フレーベルが彼の教育体系の根本であると考えた対立の法則は、検討では思い違いや陥りやすい誤りにすぎないことが分かった。次章は、教育実践により密接に結びついた心理学説を考察することになる。

第三章　フレーベルの教育心理学

フレーベルの思考におけるより根本的な概念を検討したので、今や我々は彼の教育実践により近い段階に進んでよいであろうし、どのような心理学説がその体系を特徴づけ、またそれらにどのような妥当性があるのかを問うてよいであろう。

第一節　発達説

最初に、すでに一部を論じた発達説が確認される。ここでは、発達の一般概念の一つの面である道徳領域における反復説について、すでに述べられたこと（七頁参照）に僅かな語句の加筆のみが必要である。我々が見たように、フレーベルは「子どもの発達は、人類の発達において見出されるのと同じ一連の段階の宗教的生活を必要とする。――すなわち、それは神自身が人類の教育を指導したように行われるに違いない」と考えていた。[1] また、さらに「個々の人間の発達の観察と人類の普遍的な発達との比較は、個々の人間の内的生活の発達において繰り返される人類の精神的な発達における歴史を明らかに示しているし、また人類はその全体性において一人の人間として見てよいであろうし、そこには個々の人間の発達における必要な段階が見出されるであろう」。フレーベルはすべての発達の並行論の例とは違ってこの道徳の反復説を用いていないので、我々はここではその点についての議論（第一章第二節参照）を繰り返す必要がない。現在では、反復説に認められた妥当性に関して、ほとんどの卓越した著述家たちは、その説に教育のための価値を少しも見出していないと言うことで十分であろう。[2]

第二節　フレーベルの生得観念の信念

フレーベルはその術語を使用していないが、ここで我々に最も興味のある発達説の様相は、生得観念の形而上学的存在における幾分か明白な信念である。フレーベルのこの信念は第一章において述べられたが、そこではフレーベルがペスタロッチの発達の教育学説を前成説の意味で採り入れたということが明らかになっていた。すなわち、「子どものすべては、絶えず在り、また成り、―僅かな表れでしかないが―子どもの内に見出される」。「その現象すべての必然的な多様性の内にある人間の生命は、それ自体の内で完全な統一体であるので、後の生活において優位となる精神的なすべての活動を、最小の形跡や最も僅かな萌芽の内でしかないけれども、嬰児の最初の生命においてさえ我々は認めることができるし、また考察することができる。…もし、それら（精神的傾向）が幼な子の内に含まれていないのであれば、それらは子どもから少しも発達されないであろう」。フレーベルが子どもの精神の内にまどろんでいるある確かな観念の存在を信じたことは、次の一節でさらに明確に述べられているようにさえ思われる。すなわち、「…比較し考察する成熟した思考する精神のなかにのみ現れるそのような対立物[3]が、子どもの夢のような状態の内にさえ存在することができるのであろうか。我々はここで我々がすでに他の所で述べたことをここでもう一度繰り返す。すなわち、それが子どもの内に存在せず、子どもの内に生きて活動しておらず、また子どもの生活をすでに規定していなかったのであれば、後の時期にそこから出現することは絶対にありえないのである」。読者は、この烈しい陳述に注目するよう求められる。なぜなら、著者の判断では、フレーベルはここで彼が根本的に信じたものを明確に言ったからである。通常では「成熟した思考する精神」に属する「対立物」が、子どもの夢のような状態の内に存在するだけでなく、むしろそれらは前述したように「最初の乳児の生命」においてさえ、「子どもの内に生き活動し」、「すでに子どもの生命を規定する」のである。

この説を推論するフレーベルの著作における言及は、ほとんど数え切れない。「予感」、「予想」、「予覚」、「おぼろげな認知」などの言葉は、すべて子どもの精神にまどろむ生得観念に言及するものである。「意識へと運命づけられた」子どもは、「すでにその本性の意識を予想しているのである」。「子どもは、自分自身で意識的な生命のおぼろげな予想を活動させるようにしなければならない」。「自分自身を全体と感じている子どもは、早くに…無意識の段階でも常に見つめることや掴むこと、そして全体を所有することを求めるのである」。この最後の引用は、全く特徴的である。フレーベルによれば、各々の人間は事実上（*ipso facto*）の全体であり、また完全な自己意識の状態に到達することで、その事実を認めるに違いない。結果的に、自分の統一体としての認知というこの根本的な概念は、子どもの精神の内にまどろんでいなければならないし、―そうでなければ「後の時期にそこから決して出現することはありえない」。もしこれがそうならば、子どもは「無意識の段階でさえ」何らかの方法で「自分自身を全体と感じ」なければならない。―これは前述した「おぼろげな予想」の一つである。この感情のために、彼は「見つめることや掴むこと、そして全体を所有すること」を望まなければならない。この「おぼろげな予想」は、「活動することへと」もたらされなければならない。したがって、子どもはここではフレーベルが球を意味する何らかの「全体」で遊ぶことが考えられなければならない。「予想」を「活動」させることの完全な意味は、後の象徴主義の議論で明らかになるであろう。

フレーベルの生得観念の幾つかの例は、特に興味深いものである。これらのなかでは、統一の予想が重要な役割を演じる。「子どもの最初の明確な熟視の内に、…未来の（まだ深く眠っているけれども）生活の統一を子どもは予想する」。「深く意味のある予想の感情とあこがれる熱望が、この期間に子どもが行うすべてにおいて子どもの心を占める。子どもが行うすべてのものは共通の特質を有する。というのは、すべての事物と存在を結びつける統一を子どもが求めるからである」。フレーベルの精神においては、球と円が象徴的に統一の概念と結びつけられている。それらは、子どもの目には非常に興味深い。すなわち、「子どもたちは、全く驚くべき特別な方法で、彼らを促すある予想やおぼろげな感情によって円運動の遊戯の飽くなき追求へと駆り立てられる。これらが子どもたちを太陽系と地球の軌道運動の理解へと導くのである」。多分、フレーベルによって子どもたちに帰せられるすべての予感の最も興味あるものは、時計に関するものである。「子どもたちは、時計のようなあらゆるものによって激しく魅了される…時計に関する動きや活動は、目に見える生命であるからだとあなたは言うであろう」。しかし、「動きが見られない日時計にも子どもたちは同じような興味を示すので、このことは「概して確かではない」と、フレーベルは言うのである。私自身の見解ではフレーベルは「この楽しみの基底には、時間そのものの価値の深くまどろんだ予感がある」と、言うのである。

このような説に、現代の心理学は何と言うであろうか。フレーベルは、我々が現在本能という全般的題目のもとに含める同じ現象を明らかに熟視しているのである。本能は「深くまどろんでいるが、それでもすでに能動的な予覚である」のであろうか、あるいは我々はこの生得的な内容物からそれを空にしなければならないのであろうか。子どもの学習されていない性向のなかにあるものは、どこにも論じられていない。しかし、生得的に宿る観念―それらは何なのであろうか。我々が認めることのできる最もそれに近いものは、通常の状態のもとで確かな相関的な一般観念の形成へと導くそれらの本能の内に見出される。かくして、「『原因である楽しみ』の本能」と呼ばれてきたものは、好ましい条件のもとで部分的には個人的、また部分的には社会的な経験へと導くであろうし、それは次々と普通に「因果関係の法則」の何らかの概念へと導くであろう。我々がそのような本能を持っているということや、またそれらが暗示された状態のもとで一定の予測できる概念の内に生じるということは、こだわりなく認められるであろう。しかし、我々はこれらの一般的な観念がすでに「子どもの内に生き、活動し」、「すでに子どもの生命を規定する」ということを、正直なところとして否定しなければならない。幸運なことに、我々の議論を容易にさせるために、フレーベルは彼の見解を記述し、また説明しているので、我々がそれを評価するのは難しくない。子どもの時計に対する興味は、「時間そのものの価値についての深くまどろんでいる予感から」生じるのではない。どのような推測も的を外れているであろう。子どもの「円遊戯」への興味は、「地球の軌道運動」の生得的な予想と何の関係も持たないのである。子どもの目前の何かの全体に対する子どもの欲求は、「全体」について萌芽しつつある形而上学的関心と何の関係も持たないのである。現代の心理学は、そのような「予感」と「予想」を軽蔑と嘲笑によって拒否するのである。

第三節　明言された象徴主義説

フレーベルの生得観念とそれらの展開の心理学は、彼の象徴主義説においてもっとも明確に見られる。主題の重要さは、議論の詳細な考察を正当化するであろう。典型的な象徴主義の例証は、我々がフレーベルの理念を理解するのを助けるであろう。大人が地球の軌道運動の完全な概念を持っているとしよう。それなら発達の法則によって、その観念の胚種は誕生時に子どもの精神の内にまどろみながら存在していなければならないし、またこの胚種が直ぐにこの概念についての何らかの「予感」と「予想」を提示しなければならない。さらに、「一致」の法則によって、大人の概念が軌道運動の具体的事実を「指摘する」かあるいは表示するように、子どもの精神の内の胚種は、例えば円の周りを廻っている、軌道運動のある類似なものやよく似たもの（象徴）を指摘するか、あるいは一致させなければならない。「子どもたちは、全く驚くべき特別な方法で、彼らを促すある予想やおぼろげな感情によって、円運動の遊戯の飽くなき追求へと駆り立てられるのである。

これらが子どもたちを太陽系や地球の軌道運動の理解へと導くのである」。下の図表は、我々がこの定説を批評する手助けとなろう。

フレーベルにとって、象徴主義の心理学は次のように関連した四つの要素を想定している。大人が後に完全な意識の内にもつ観念や概念（B）の胚種（A）を、子どもは持っている。この概念（B）は、子どもの可能な経験の領域の内に存在するある事物（A'）によって象徴化されるある対照物（B'）に関係する。実に、フレーベルにとっては、五番目の要素がある。それは、他の四つの要素に広くいきわたり、各々にその本質を与え、それらの相関関係と相互作用を定める――すなわちフレーベルがすべての現象の基になると想定した「霊的」本質が存在する。これらの関係が保たれている時、（一）胚種（A）は、子どもが象徴（A'）を占有するかあるいは使用することに興味を持つようになる方法でA'の方に伸びる。また、（二）象徴（A'）を伴った結果の活動は、やがて完全な意識（B）へと発達する概念の胚種（A）を目覚めさせることに役立つ。まさに前述のような例では、Aは軌道運動のぼんやりとした概念であり、胚種として軌道運動の完全な概念Bへと発達するように予定されている。A'は、実際の軌道運動を象徴化する「円運動の遊戯」における動きである。これらの状況のもとで、（一）子どもは、Aの活動に従って、円運動の遊戯（A'）に加わるよう「強

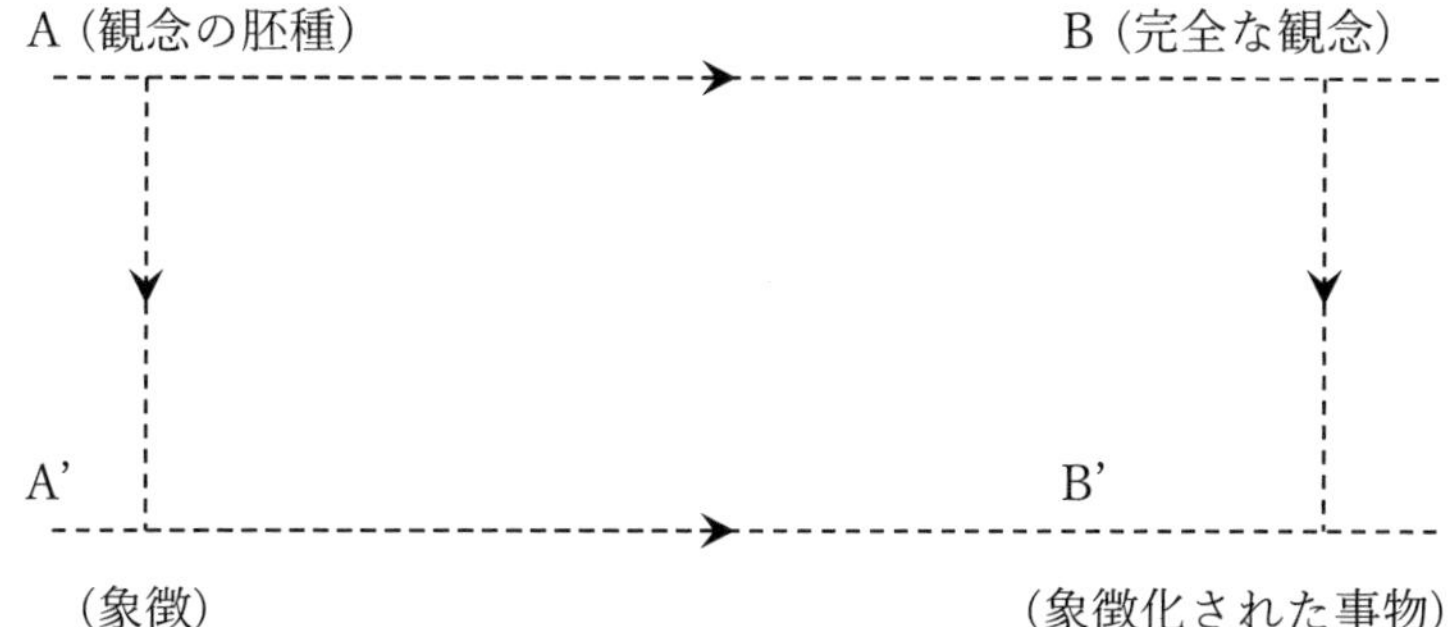

いられる」。また、遊戯が実際に行われているとき、(二)活動は「太陽系や地球の軌道運動(B')の完全な理解(B)」へと発達するような意識がもっと行われるときに無意識の胚種(A)を「覚醒させる」のである。

象徴主義の他の例は、その考えをより明確にするであろう。

「人間の本性に忠実な子どもは、―いかに観察が不完全でぼんやりした段階であるかも知れないにしても―自ら独立した全体と統一として自分自身と同様に、それぞれの対象物の普遍的表現を球のなかに知覚する。…子どもは自分自身を全体と感じながら、自分の人間本性と運命に従って、たとえ無意識の段階であろうとも、常に全体を凝視し、把握し、所有しようと、早くから求めようとし、また求めようとしなくてはならない」。ここで、四つの要素のすべてが提示される。Aは、子どもの「自分自身を全体と感じること」の内と背後にある胚種である。Bは、子どもが自分自身「自立した全体と統一」であるという完全な大人の意識である。(A')は各々のそのような全体(B')を象徴する球である。このことから、(一)子どもは「無意識の段階でさえ」球を求め、また(二)球を用いた活動がまどろんでいる観念の胚種に意識をもたらすのである。「子どもは、無意識であるけれども、球を通してまた球によって自分自身を啓発し形成するために、幼い頃でさえ球で遊ぶことを好む」のである。

提示された二つの例は、象徴を用いた遊戯がまどろんでいる観念の胚種を覚醒させると断言することを望んでよいほど、明白ではないのである。他の引用がこの不足を補う。すなわち、「これらの印象は、魂の胚種を目覚めさせる。…子どものまだ思考していない精神は、象徴を通してのみ覚醒され、教えられ得るのである」。[4]「子どもの精神は、その有機的組織に従って、子どもの発達が依拠する状態を無意識に捜し求めており、また捜し求めなければならない。子どもは、それらの状態を見つけ、また子どもを取り巻く事物の助けによってそれらの状態を次第に実現するのである」。

第四節　象徴主義説の検討

フレーベルの象徴主義の入念な研究は、前述で示された分析がフレーベルの主な概念に対する的確な陳述であることをいかなる遠慮のない質問者にも確信させるであろうと、私は信じる。次に、問いはこの心理学とその結果として生じる教育手順の妥当性に、我々を対峙させる。次のような、四つの明確な問いが、思い浮かぶのである。

(一) 子どもの精神の内に概念（B）へと展開する胚種（A）が存在するのか。

(二) そのような内在的な結合が象徴（A'）と意味づけられた事物（B'）との間にあるのか、象徴化された事物のいかなる経験にも先立って象徴主義は、子どもに影響を及ぼすことができるのであろうか。

(三) 観察は、意味づけられた事物（B'）と象徴（A'）の象徴的な結合のゆえに、子どもの精神と興味（A）が象徴（A'）を捉えるという信念を立証するか。

(四) 観察は、象徴（A'）を伴った活動が観念の胚種（A）をより完全な意識へと覚醒させるという信念を立証するか。

我々は、すでに第一の問いを論じたし、また現代の心理学が生得観念説を拒否しているということを見てきた。そして、論理的には問い三と四が否定的に答えられなければならない。しかしながら、我々は第二の問いが論じられるまで、それらの二つの問いを止めたままでよいであろう。ここでまた、我々は読者の忍耐を乞わなくてはならない。道は長く、また険しい。象徴は象徴化された事物とどのように結びついているかを知るために、また包含する象徴主義を感じる前に、何か先行する経験が必要かどうかを知るために、我々は象徴主義の幾つかの型を識別しなければならない。目的に応じた教育における象徴主義の研究から、象徴主義を明確に区別し得る三つの型が現われる。

(一) 記号の象徴主義

一つの事物(象徴や記号)がもう一つの事物を連想させるので、意識に対する象徴(記号)の存在は他の事物を精神に呼び起こす。そのような連想は、(a)子どもにとって砂糖壺が砂糖を意味するように普通の経験のどのような二つの事物の間にも、あるいは(b)三又の鉾が海神ネプチューンを思い起させるように文学的に関連づけることによって、あるいは(c) b の文字がある響きを示すという任意の約束によって、存在するであろう。

(二) 見立て遊びの象徴主義

子どもは、棒切れが馬であると「信じ」、また人が馬と一緒に振舞うと子どもが考えるように棒で振舞う。象徴は、―もしそのような言葉が適切であるとすれば―この場合の振舞いにおいて、子どもの側に「本物の」事物を所有する者と似たような振舞いをさせる。見立て遊びは、より広い周囲の生活の縮図として、このような全霊を傾けた再現から成り立っている。アニミズムへの若干の接近は、しばしばその効果を高めるのに役立つのである。

(三) 比喩の象徴主義

より直接的あるいはより実体的な（より「具体的な」）ある事物と、別の実体的でない（より「抽象的な」）事物との間で、ある類似性や間接的な結び付きが認められるのか、割り当てられる時、例えば百合が純粋さを象徴するように、より実体的なものは実体的でないものを象徴すると言われるかもしれない。

これらのグループは、常に相互に排他的であることも、また実際どの象徴主義の例でも一つと他が相互に申し分なく割り当てられ得ることも要求しない。さらに、これらのグループは、目的に応じて教育理論の議論で表されてきた象徴主義における三つの典型的な方法を示しているものとして受け入れられよう。

そこで、どのような種類の経験が象徴的な関係の認知に先行するのかを考察しよう。第一のタイプに関しては、連想は経験によって精神の内で作られたに違いないということが明らかである。砂糖は砂糖として、壺は壺として知られなければならないし、また恐らく同時に（*pari passu*）、あるいは後に経験のなかで二つのものは結合されたのである。叙述では、同じ状態が保持されるであろう。型通りの結び付きの例では、象徴化された事物は、象徴（記号）が事物を表象できる前に少なくとも部分的に知られなくてはならないし、経験において組織されなくてはならない。この象徴（記号）は、知る者の知られる事物に対する関係のなかに含まれている以上のものを、決して表象することはできないのである。[5]

「見立て遊びの象徴主義」において、子どもは象徴化された行為という考えによって、あるいはこれを可能にするような象徴によって刺激され、また子どもは自分が「本物の」事物と思う大きなものを小さな演劇的な再現によって反応するのである。子どもは、表象された事物に関する幾らかの事前の知識経験を持っているに違いない。そうでなければ、作用する刺激や適切な直接的反応もあり得ないであろう。そこでは、表象された大人の生活に関連した概念の明確さを結果として増やすであろう。―もし活動が教育的に正当であるならばそれが結果となるはずである。―しかし最初の刺激と相関的な反応は、表象された分野での先行の知識経験の体系から生じたのである。ここでは他の場合と同様に、経験は象徴主義に先行し、また刺激として経験が持っているどのような力も象徴に与えるのである。

比喩の象徴主義の場合は、幾分より複雑になっている。時系列で明確にされる必要はないけれども、幾つかの段階が区分されるかもしれない。純粋さを象徴するものとして、百合を取り上げよう。百合の白さの同質性（純粋さ）という意識を含んでいる、比喩的でない結びつきにおける百合に関する幾らかの知識経験がなければならない。他方で、少なくとも部分的に、存在すべき徳としての純粋さの概念に対する十分な道徳的経験を持っていなければならないのである。このような状態のもとで、百合の汚れのなさと、純粋さという道徳的な汚れのなさとの間に、類似性が感じられるかもしれない。象徴と象徴化されたものの間を前後する精神の楽しい交錯のなかで、それぞれはその関係がより明らかになるかもしれないし、それぞれは他のものからの要素によって豊かにされるかもしれない。明らかに、象徴主義のこの型では、先行する経験は単により実体的な（象徴）だけではなく、象徴主義が取り扱う道徳的ないし精神的な（「抽象的な」）領域における特に先立つ経験がなければならないのである。

そのように、三つの型のそれぞれに伴って、常に経験―象徴それ自体と同様に象徴化された事物に関する個人的な知識経験―から、象徴的な力が生じる。象徴的な結びつきは、常に象徴性の認識に先立つ経験に由来するのである。経験は、他のところすべてと同様に象徴主義を伴って、認識に先立つのである。未来は、ただ過去の点からのみ暗示されるのである。[6]

今や我々は前述の四九頁で提起された四つの問いに戻る準備が整った。

（一）子どもの精神には、十分な意識の概念に展開する観念の胚種が存在するのであろうか。その答えは、否である。概念は、将来の経験を導くための経験の構成である。フレーベルは（その後に現れるものを潜在的に含む）胚種の意味において、間違えている。子どもの精神には観念の胚種は存在しないのである。現代の心理学に適合するように胚種の意味を変えることは、まさにこの点に関するフレーベルの理論の全体を拒否することである。

（二）象徴と意味づけられた事物の間には、象徴主義が象徴化された事物とともに、経験に先立って子どもに影響を与えることができるそうした内在的な結び付きがあるのであろうか。

その答えは、否である。象徴主義の各々の事例での結び付きは、経験により、また経験において作られたものである。すなわち、象徴主義がより比喩的になればなるほど、必要な先立つ経験はより幅広くなるのである。

（三）観察は、象徴化された事物あるいはその事物の概念との後の結び付きのために、観念の胚種が相関的な象徴を把握するという信念を立証できるであろうか。

その答えは、重ねて否である。そのような観念の胚種はないし、また象徴は象徴される分野の経験に先立つ象徴化された事物との結びつきはないのである。

（四）観察は、象徴を用いた活動が相関的な観念の胚種に十分な意識を目覚めさせるという信念を立証できるであろうか。

その答えは、否である。そのような観念の胚種は無い。さらに、フレーベルによって引用されたほとんどの例には、子どもにとって象徴主義の認識が無いのである。子どもにとっては、そのような象徴主義は、全く存在しないのである。

かくして、我々はフレーベルの象徴主義が、生得観念の胚種を仮定する限り、また象徴主義が経験に効果的に先立っていると考える限り、根拠のないものであると結論づけることに難はないのである。我々は、そのような根拠のない象徴主義の例を、行われている遊戯と全体の概念と球との結びつきのなかに見出した。すでにフレーベル主義者の象徴主義に精通している読者は、それらを実際に典型として認めるであろう。次の章は、フレーベルの教育実践がそうした象徴主義にどれだけ基づいているかを示すであろう。

第五節 「潜在的な象徴」

まさに提示されている議論のために、意味を与える経験に先立って、「潜在的な象徴」に関する多少擁護できる兆候の用法について言葉を付け加えることが適当である。言葉にその適切な内容を与えなければならない経験を子どもが持つ前に、子どもはしばしば好都合な言葉を聞いているという実際ありふれた例を、我々は持っている。実践の無分別な用法が子どもの精神的な発達を妨げるということは、教育思想において長年決まり文句となってきた。特定の経験のためにあらかじめ適度に教えられた名称が経験を識別し、定着させることに役立つであろうということは、紛れもない真実である。描くことを学んでいる子どもは、群青色という名前に気づくのである。子どもがその色に出会うときに、その名称はすでに多かれ少なかれ関連づけられているので、その特別な青の濃淡を子どもの心にしっかりと留めるのを助けている。より正確には、群青色という言葉は、恐らく色、青に言及したことを示すような環境のもとで経験されたのである。不完全に明らかにされた名称は、その時に心の内に疑問として留まるかもしれない。すなわち、まさにどのような種類の青が、群青色なのだろうかと。このように、色の作業における一般的な興味は、機会が提供される時には群青色の決定的な経験が快く対応するので、定義と結合はそれに応じてより良くなったものへと向けられるかもしれないのである。

「潜在的な」象徴化のこの用法の適切な限界は、提示された議論のなかに含まれている。子どもの興味と経験が、そのように新しい用語を子どもに把握させ、そして子どもに経験された用語のなかの結びつきから不完全な意味を得る場合、子どもはその時に通常その用語に関して予想している態度を取るであろうし、またその意味をより明確に定める機会を利用するであろう。ある意味で、象徴は意味づけられた事物の経験に先立ち、また備えるのである。しかしながら、より正確には、象徴は不完全な経験に基づく不十分な意味から、より十分な経験に基づいたより完全な意味への動きである。このように説明され、またこのように興味を伴った通常の成長に根拠を置いた実践が好ましいのである。子どもが興味に反して、そして、知覚していないにも拘わらず駆り立てられる時、どんな実践もより致命的であり得るのである。

「潜在的な象徴」の議論は、しかしまた一方でフレーベル主義者の象徴主義の評価を完成させている。他の一連の用語においては、兆候が最初の経験に先行することを認める弱点と危険を指摘しているのである。すなわち、それは最終的には、続いて起こる経験の指針と制御として役立つような先行経験の部分的構成としての兆候の適切な機能を示しているのである。追加された経験によって、兆候は明確さが増し、また結果として効率が増すのである。このことに関する限り、そのすべては標準的な精神的成長の過程の陳述にすぎない。ここでは、明らかにフレーベル特有の象徴主義に対する支持は、少しも見出されないのである。

第六節　教育における自由

適切な教育の前提条件としての子どもの自由についてのフレーベルの概念は、発達説と緊密に結びつけられている。その発達説のもとで、象徴主義は論じられてきた。「教育は…本来、またその最初の原理において指示的、断言的、干渉的であってはならず、(ただ保護することや養護することで) 必然的に受動的で、従うことでなければならない」。全文脈を考慮すると、論議はおよそ次のようになっている。すなわち、「すべての事物は、その本質、したがって神的存在を展開することが神意であり、生涯の仕事なのである」。実際、教育は最初から神に包み込まれたものの展開を保証する過程にすぎないのである。さらに、胚種は大人の雛形がそうあるべき明確で適切な計画であり、それを含むのである。そのような条件のもとで、本来の胚種を妨害せずに十分にその展開を最も完全に促進する教育が、最善のものなのである。教師の仕事は、生来の計画によって要求される状態を提供することであり、またその展開を妨げる影響をどれも避けることなのである。教育課程は、まさに胚種によって必要とされるそうした条件から成るのである。これらの考察の点から見て、教育は「干渉することではなく…、受動的で、従うことでなければならない」ということなのである。「実際」、フレーベルは直ぐ続く部分で次のように述べている。「教育は、その最高の本質において、そうした特質を持たなくてはならない。なぜなら、神的統一の妨げられない働きは、必ず善であり、善以外のものであるはずがない。この必然性は、若い人間が―いわばまだ創造の過程において―まだ無意識であるが、自然の産物として、また決定的で確実であるが、その子ども自身において最善であることを求めるであろうし、さらに自分の性質、力そして手段と同様に、自分の状態に全く適合した一つの形の内で最善であることを求めるのである」。このことは、フレーベルの選ばれた立場の理想化された陳述の一種と取られるであろう。それに従えば、子どもは最善を選ぶであろうから、我々は子どもの欲求に従わなければならない。フレーベルは、「それは正しいのだが、本性が損なわれていない生来の状態を我々に示すことは今や滅多にない」と、しきりに述べている。

この論題についてのフレーベルの意見のすべてを一緒に取り上げるならば、彼の立場に関して一つの矛盾もないか、あるいは申し分のない陳述かを決めるのは困難である。彼ができたとしても、彼は前述の独自の陳述を保持するであろうし、またそれからの彼の新たな出発はただ凄まじい強制のもとでとなるであろう。しかしながら、幼稚園の教授手順が考案された後に、彼は時々彼の晩年に生まれた息子であるこの最後の創作物に対して、最初に生まれた子どもに対する以上により心遣いを示す傾向があるように思える。「理性的で意識的な指導がなければ、子どもらしい活動は定められている人生の務めの準備をする代わりに、目的のない遊戯に堕落する」。幼稚園においては、彼等（子どもたち）は本性によって求められた目的に実際に到達するように、すなわち彼等の発達に役立つように、彼等の遊びを演じるように導かれるのである。園丁が、植物を保護し、切り取ったり、水をやったりして、できる限りの最善の世話をする時に、植物の成長を妨げるであろうか」。ここで、フレーベルは子どもの「目的のない遊戯」が「本当に…本性によって望まれる目的に到達しない」のではないかと、子どもにいつも「従う」ことを恐れている。それゆえ、「幼稚園においては、子どもたちは指導されるのである」。フレーベルの生まれたばかりの幼稚園の教授手順に対するより明確な愛は、次の陳述に見られる。すなわち、「立方体の形の知識は大変重要なので…その形、その内包するもの、その取り扱いが子どもの前にもたらされるのに早すぎるとか、あるいは急ぎすぎるとかいうことはありえない」。彼は、至る所で同じ立方体に関して述べている。すなわち、それは「最初は、提示や認知をたびたび繰り返し行ってはじめて、子どもは保母が立方体の配置を次々に作るのを見たいと強く望む」ということである。子どもの前に望まれない恩物の遊戯を「執拗に」持ち込むことと、子どもが「どれがそれ自体において一番良いか、さらに…子どもの状態に全く相応しい形の内にあるかを、きっぱりと間違いなく」求めると信じる二つの極端の間には、広範囲の考えられる立場がある。フレーベルは、ある時期に可能な限りの立場に専心したとはいえ、理論においてはいつも、より大きな自由の極端に向かっていて、実際には外からの指導の要素にますます向かっていることが疑いないのである。

第七節　自由との関連における発達の意味

フレーベルの自由における信念の基盤を検討することは、全く我々が行う価値がある。彼にとって、自由は根源的な神の力で植え付けられた胚種の完全な実現に必要な条件であるということを、我々はすでに見てきた。もし、誕生時に子どもはフレーベルの考えるようなそうした胚種であるということを我々が認めるならば、自由説は容易で、また多分当然の結論になる。事実は、どのようなことなのであろうか。子どもは、前成説の意味での人間の胚種なのであろうか。子どもの主な外観と目に見える特徴における肉体に関しては、然りと答えてよいであろうし、ある意味で自由の結論を受け入れてよいであろう。もし肉体の他に何かあるものが、子どもに成長するための自由を与えるのであれば、我々にできることはほとんどない。子どもに必要とされる食べ物、太陽の光、新鮮な空気、睡眠、休息、そして運動は、（しかしながら、最近の傾向によるのではなく、我々の最善の研究によって解釈されているように）子どもの成長のために最善の多くのものを提供する。主な最終的かつ好ましい結果は、ある素晴らしいものとともに根源的な胚種の内に含まれていた。我々の役割は、その実現のための好ましい条件を提供することである。

しかし、心理学的になると、状況は全く別である。ここでは意識的、意図的な人間の指導や再方向づけは、生命の当然の要求に合致した結果へと到達するために、大いに必要なのである。子どもの「発達」において、社会によって必ず演じられる役割を示すために、すべての他のもののなかでも特に典型として二つの例を取り上げよう。子どものお喋りは多くの変化に富んだ音を含んでおり、それらの音の幾つかは偶然「ママ」(*mama*)に近い音になるであろう。この音は母親に気付かれるであろうし、また子どもはそれによって承認を受けるであろう。「単なるお喋り」は無視されながら、この満足の反復は子どもの成就の一つとして言葉を記憶に留めるであろう。そうなると、この言葉は明らかに子どもの性向の根源的な素質に由来したのである。すなわち、この意味において言葉は発達したのである。しかし、言葉は素質の内に独自に含まれていたのではなかった。言葉は、大変多くの可能性のなかから生き残ったのであり、多くの可能性のすべては等しく根源的な素質の内に含まれていたのである。本当の意味では、それらの多くの片言の音のなかで生存競争があったのである。ママという言葉は、そのなかで固有の価値や長所によってではなく、ただ外部の選択の理由によって、生き残ったのである。このことが、「発達」がこの例において意味するものなのである。本性は可能性の多様性を供給し、社会はその目的に適した一つを選んだのであった。この方法で、英語やフランス語などの言語も子どもの生まれながらの応答の素質から「発達」しているが、しかし明らかにどちらかの言語やあるいはどのような言語も子どもの根源的な素質の内にあると言うことはできない。

第二の例は、社会的不承認の行動を示しているが、しかし心理学は両方の例で多くが同じである。子どもは、苛立つ状況への数ある反応のなかに怒りがある。注意深い親は、この反応は子どもに不満が残っているということと、同時に満足を与える他のもっとよいと認められる反応があるということが分かるのである。習慣形成の法則によって、怒りは僅かな場しか占めないという「上品な」人に成るまで、この拒否された反応は、それほど頻繁ではないが遊びに呼び寄せられる傾向がある。ここでは怒りは — 多分非常に強い生来の素質として — 根源的な素質の内に含まれていたが、しかしその最大限可能な強さに到達することは許されていなかった。なぜなら、子どもは現在の社会状況のなかで怒りがない方がうまくいくと思わされていたからである。これらの二つの例は、すべての学習の典型として、またその結果として精神的、道徳的領域でのすべての「発達」の典型として取り上げられてよいであろう。

　議論全体をまとめると、子どもに適用されるように「発達」という言葉は広範囲に及ぶし、発達の両極論は多分程度で異なっているだけなのに、依然として安易に区別される。一つの極論には、身体上の一定の原則が根源的な胚種の内に固定されているので、受動的に好ましい条件によって許されれば、原則は最小限の指導によって、完全で適切な実現へと展開するであろう。そのようなことは、例えば動物としての人間を他の動物から区別するところのそうしたもののすべてにある。それらが機能的である限り、動物的な面で我々の生き残りにともかく大きく関係するのである。生物学的進化によれば、この極論での原則は、我々の最古の遺産を表わしているのである。他の極論では、それらの諸原則があり、また我々の精神上でそれらの取り合わせが作り上げられ、それらは我々の社会的な遺産の最新の部分に適してなければならないのである。後者の原則は、我々の生まれながらの反応のなかから我々がこの環境をうまく利用し制御することができるようにするものを選択する際に、我々の社会的環境の行為によって我々の幾つかの個人的な性質の内に定着されているのである。一つの極論では、「発達」は胚種の内に初めから独自に（とにかく相対的にそのように）暗に示されているものが、外へ展開することである。このことから通常の環境のために成長における指図する働きが胚種の内にあると、我々は言ってよいであろう。他の極論では、「発達」は成長が各々連続する段階で外からの選択と排除によって先にあるものから引き出されている以上の何ものも意味しない。この点に関して、現実の結果は何か外からの力のおかげで優先されて残っただけの非常に多くの可能な結果のなかの単なる一つであるということを我々が同時に明らかにしなければ、結果が根源の素質の内に暗に示されていると誤って言うことに導いていくのである。この同じ極論に関して、我々はある意味で、選択された反応の連続する階層が我々の精神の家の構造のなかにあると言ってよいであろう。一番下の階は、根源的な本性に最も近く、最上階は外的な要素のほとんどを示すのである。ここで区別された二つの極論の間に、本性と育ちの双方がどの程度の近さかによって、一方の極論かあるいはもう一方の極論に取り込まれるかなのである。かくして、「発達」は人間の起源に適用される時、意味を変えている言葉であり、外的な選択の要素は我々が単なる身体の成長から獲得するものからはるかに離れて絶えずいつも増えているのである。

この議論に基づいて「教育は内からの発達である」と主張する人々を批判することは容易である。その主張は曖昧である。しかしながら、もしフレーベルのように、「新生児が単に人間になるだけでなく、人間はすでに現れているし、また実際すべての才能と人間の本性の統一を子どもの内に備えている」と主張すれば、それで曖昧さは解消されるが、しかしまた彼らの主張は不当とされ、誤りに導くのである。これは、理解されることを意図している意義に当てはまらない。さらに、我々は発達説に基づいた自由説を評価することは、少しも難しくない。もし、論及が大まかな人体に関する身体上の成長についてであれば、自由は優位となるべきである。手や頭を縛ることは、大抵はただ害された結果に終わるのみである。しかしながら、もし論及が文明の現在の状況に適合する性格の形成についてであれば、その際は選択という要素が子どもの内に完全に存在することを我々は認めることができない。このことを断言することは、社会的環境の価値を拒否することである。純粋に「従う」教育は、単なる非理性主義か野蛮主義と無政府状態のどちらかに導くであろう。

発達説を完全に終える前に、我々は根源的な本性が子どもの教育に携わる人々へ最も価値のある手引きを与えるという一つの点を例にしてよいであろう。根源的な本性は広く個人の違いを示し、また我々の社会構造が職務の区別（労働の配分）を求めるので、我々は個人に適した生涯の仕事を見つけようと努力する際に、生来の個人的好みの利用を迷うことなく承認してよいであろう。賢く導かれたそのような利用の仕方は、疑いなく個人のより大きな幸福とより大きな社会の効率に寄与するのである。

第八節　自由の暗示説

前に用いられたような利用という言葉は、―少なくとも外的観点から―自由の問題を解決する鍵を与える。なぜなら、教育的なことに関しての適切な子どもの自由説は、発達の誤った説よりももっと確固とした基盤を持っているからである。全く「従う」教育は不可能であるとはいえ、従う教育はそれでも大部分抑圧の内にあると軽率に結論づけるべきではない。フレーベルの心理学の評価は反対の観点から長い説明をする余地はないが、しかし短い素描は不適当でないであろう。前に提示された子どもが「ママ」（*mama*）と言う学習や、怒りを取り除く学習の説明を思い起こすならば、我々はこの学習の過程に次の三つの本質的な原則を見出す。すなわち、（一）状況に対する子どもの反応の多様な特徴、（二）社会環境に関する選択する効果、（三）子どもが成長する特別な反応を使ったり使わなかったりするようになる習慣形成の心理学である。これらの原則の各々は、子どもに一定量の自由を求めるか、あるいは認めるかである。第一の原則に関して、いかなる環境に対する多様な反応も、概して個人や集団を問わず、進歩への鍵なのである。観察は、他の条件が同じであれば、個々の責任における個人の自由の制御（*régime*）こそ反応を最も生み出す力があると明らかにする。第二の原則に関して、もし社会的な環境が賢い選択をさせるのであれば、それは本性の反応を、可能性の最大限へと利用することになるであろう。このことは、一方で制度的な生活（社会の要求）が現実には人間本性の最大限の表現の手段でなければならないということを意味しているし、また他方でどんな本性の衝動にも必要な再指導が少なくなればなるほど、その強さの利用がより顕著になるのである。教育の歴史は、過去百年かそこらの年数のなかで、これまで以上に本性の反応の顕著な利用を示しているし、あるいは同じであるものとして、子どもの自己表現の自由がこれまで以上に増えていることを示している。第三の原則に関しては、子どもの反応のなかから選択するすべての可能な方法であり、普通の生活状態の副産物として行われることであり、それはずっと教育の主要な働きであったということは明白である。教師や親たちは、概してそのようには理解していなかったのである。このことは、可能な限りこの自然に選択された普通の生活の力を使うことを妨げる非常に多くの教育的な機械の類いを、我々が今すぐゴミ置き場へ送るように示唆している。このことをより分り易く言えば、我々は余りにも多くの硬い机や多くの機械的な推進計画と、余りに多くのありきたりの知識を教育課程のなかに入れているのである。我々は、「これをせよ」や「あれをするな」に過度に頼っている。我々は、子どもたちに自由で、健康で幸せに普通の生活を生きるためのより多くの機会を与える必要がある。フレーベル主義の幼稚園は、この概念のために公的精神を備えさせるという価値のある役割を担っている。幼稚園教員たちは、共同戦線によって実体のある進歩が至る所で得られるために、健全でより首尾一貫した自由説によって、彼女たちの努力を小学校の教師たちの努力に結びつけなければならないのである。

第九節　フレーベルの自己活動説

前述の内容と最も密接に結び付いているものは、自己活動と遊びである。実際、結びつきが非常に緊密であるので、ここでは僅かな論議で十分であろう。自己活動は、自己発達の手段として外的な行動へと向かう内的衝動を含んでいる。「とりわけ、外部の刺激は子どもの内部に存在しているものを表明することへの強い衝動であり、…それは子どもの全生命の活動のなかに現れる」。ここでは、内的衝動が最初と思われる。他の場合では、衝動は何かを目覚めさせる刺激を待っている。「このように、母の影響は、春の太陽の影響に似ていて、各々の種子の核のなかの生命（衝動、力、自己活動や自己決定）を暖かさで目覚めさせるのである」。子どもの活動が「実に、通常は外部から引き起こされ、しかもなお魂の最奥の作用によって実際に形式的に決定される」ということが、至る所で語られている。これらの陳述は、一見したところ、やや矛盾していると思えるかも知れないが、しかし述べられているような状況は、―生得的な反応のなかで目的に適った要素を要求しないので―まさに現今の生物学的心理学において受容されているところのものである。有機体は刺激無しには行動しないであろうが、しかし有機体の内に刺激の類いのものをまさに受容するために前もって準備されたものは存在しないので、いかなる刺激も有り得ない。さらに、有機体の特別な「姿勢」ないし「態度」は、（一時的にしろ永続的にしろ）刺激の働きにおける要素である。もし、「姿勢」が特に好ましいものであれば、ほんの少しの刺激で十分である。ある意味では、活動は内部から始動し、他の意味では活動は外部から始動するのである。

この自己活動の理論において、我々にとってより興味深いのは、フレーベルが自己表現に関する後世の説を先取りしたことである。フレーベルは、外からの強制のないことと自己活動の努力とを同一視する。フレーベルは、同時代のある学校の実践を批判するなかで、「子どもたちは今までほとんど思慮深く ― いわば自己活動や自由な活動が不十分 (*nicht selbst -und freithätig genug*) にしか ― 扱われなかった」と言っている。このことは、明らかに自己活動は強制の逆のものであること、また子どもが提案された行為の方向（道筋）を子ども自身とその要求と同一視する時、我々が自己活動を持っていると言うことと同じなのである。自己活動の説のこの面は、まさにデューイ教授の興味説と自己表現説である。

遊びは、「自己活動」(*freithätig*「自由な活動」) の一つの形であるべきであると言われていて、それはそれが行われる限り優れた陳述である。遊びは「最初はただ自然の生活であるという言葉は、多分より意味深い。このことは、教室での子どもの自由について前述された議論で擁護された遊びはまさに自由な活動であると、我々が言うのを認めるのである。また明らかに実際の遊ぶことの記述は、『人間の教育』のなかのフレーベルの記述よりも一層魅力的に違いないであろう。彼が幼稚園を考案した時、この早期の実践の美しさから逸れなかったならばとさえ思うのである。しばらくの間、フレーベルを離れて遊びのより一般的な概念を検討しよう。

第一〇節　遊びという用語の意味

教授科目のどの学生も、遊びという言葉に一般的に込められた種々様々な意味に悩まされている。ある意味から他の意味に横滑りさせる傾向は、その他ではほとんどそれほど多く存在しない。遊びは、時には仕事や労働や苦役と対照的である活動への精神的態度の言葉として定義される。ある特定の活動に備わっている満足感がその活動を行い続けるために十分である時、その経験は一般に遊びと呼ばれる。しかしながら、ある外からの強制や配慮がその活動の継続に必要であるならば、何か他の用語の方がより適切であると考えられる。またある時には、その交換価値として望まれる有益な結果をもたらす仕事と、そのような結果をもたらさない遊びは、区別される。典型的な事例では定義づけをするどちらの方法も十分であるかも知れないが、しかし特に子どもの成長を取り扱う際には、多くの面倒な決めにくい例が思い浮かぶ。なぜなら、子どもたちは、遊びが明確で誰もが認めるように適切である段階から、仕事が通例となっている段階にまで進むからである。これらの変移の例に対処するためには、遊びの緻密な考慮が必要となる。

子猫が糸巻きで「遊んでいる」。活動それ自体の満足が、活動の継続へと導くであろう。幼い子どもは、そのように「遊ぶ」であろう。糸巻きによる遊びの動きは大変単純である。その特性は反復であり、構成要素は大変短く単純な行為である。例えば、遊びのとりこになった子どもは箱のふたをはずし、それを七九回も戻したりして繰り返す。子猫は、その他の種類の遊びをしないが、子どもは次第により複雑な活動をするように成長するであろう。非常に単純な行為の同じ繰り返しの代わりに、子どもの例では各々の繰り返しは一つの入念な過程のなかに吸い込まれて最終的に消えていくまで、加齢とともにますます複雑になるであろう。計画することや工夫することが含まれている鋏と糊などのような、道具の意識的な使用が登場する。その過程の「終わり」は、数日か数週間先であるかもしれない。大人には、その間隔は数年か数十年であるかもしれない。それ自体のために何回も繰り返される単純な行為は、明らかに遊びである。活動が子ども（あるいは大人）自身の興味から生じてさえいれば、子どもが全体としての過程や過程の各々の部分と興味において完全に同一視するのであれば、より入念な行為もまた同様に遊びである。そのような複雑な行為は、単純に遊びである必要がないし、またそれは仕事かも知れない。もしそのなかに、その人の使用できる内的資質の真剣な利用があるのならば、それは仕事であろう。活動が単に生産の交換価値のために行われているのであれば、また全くその点に伴う満足のためでないのであれば、活動はただ仕事であり、遊びではないのである。その際には、仕事よりもむしろ労働が相応しい用語となる。もし労働が困難で辛いものであるならば、それは労役と呼ばれる。もしそれが全く同意できず、何か全く外からの必要という強制のもとにのみ行われるのであれば、それは苦役になるのである。[7]

一般的な議論からフレーベルに戻る時、十分な考察は容易ではない。フレーベルが遊びを価値づけたことは、疑いがないのである。遊びは、我々がすでに明言したように、彼の幼稚園以前の思考において大きな位置を占めていた。「遊びは少年の生活に直接的な影響を与えて教育するし、多くの公民的道徳的美徳に目覚めさせ、また育てる」。フレーベルが遊びの態度を仕事に転用する効果を知っていたという暗示を欠いているわけではない。すなわち、「活動が子どもに喜びをもたらすならば、今や仕事は少年にとって喜びを与える」。「すべての仕事を自由な活動にまで高める時が今や来た。…現在では芸術のみが真に自由な活動と呼ばれ得る」。適切な教育が「仕事にその高い意義を取り戻している」。幼稚園に、我々ははじめて遊びに基づく施設を見出した。世界は、疑いなく遊びの教育的価値の今日的意味の多くを、現実の生き生きした施設としての幼稚園に負っている。ジャン・ポール・リヒターは、この分野でフレーベルに先行していたし、彼の理論[8]の陳述ではフレーベルを上回ってさえいたが、しかしフレーベルの施設が思想の普及において効果的な根拠を持ち続けた。しかしながら、フレーベルの幼稚園の遊びは、余りにしばしば――しかも全般的にさえも――幼児期に半ば形而上学的な観念を象徴的な形式で提示する方法であるということが認められざるを得ない。「子どもたちの単純な動きの遊びにおいて高められ、しばしば恍惚的となる喜びは、単なる身体的な力の――単なる肉体的活動の行使を通して決して説明されない。子どもたちの楽しみの本当の根源は、子どもたちの感じやすい心を鼓舞するぼんやりした予感である。子どもたちの遊びのなかには深い意味が隠されている。すなわち、実際生き生きとした精神的な真実の核がそのなかに隠されている種子の殻であるということを私は信じる」とフレーベルは言っている。彼は、直接の関連で、「例えば、これらの円遊戯での子どもたちの喜びは、事物のすべての周りのあるいはすべての側面を把握しようとする希望と努力から生じていないであろうか」と問うている。恩物は、恩物の派生物における象徴主義を、どのように利用するのであろうか、また恩物の使用において象徴主義をどのように期待するのであろうかが、次章において論じられるであろう。そこには、フレーベルが幼稚園の遊びを半ば体裁良くする過程として大いに使ったことを遺憾に思う根拠があるであろう。しかし、これらの欠点にも拘わらず、すべての種類の遊びに常に増大する評価をもたらしているフレーベルの多大な影響を、誰も否定することはできないのである。

第一一節　二流の心理学説

フレーベルの素朴な心理学が、彼の教育の一部となっている多くの点を詳細に取り上げることは、全く無駄で読者をただ退屈させるだけであろう。例えば、彼は論理の単純さは事実上（*ipso facto*）心理学的単純さであるというペスタロッチ主義者の誤った考えを採用した。もし、立方体が子どもに「余りにも大きな全体として、また余りにも多くの種類の部分で構成されたものとして」思われるのであれば、「立方体についての子どもの見方は個々の知覚によってはっきりされるに違いない」。母親は最初に立方体を一面だけ見せるように握りしめるであろう。そして、その後に二つの面などを、また最後にすべてを見せるであろう。それで、「子どもはやがて「立方体の完全な理解」に達するであろう。フレーベルは、さらに「子どもは、度々繰り返すよりも、度々聞くことによって言葉をより簡単に自分のものとする。なぜなら、聞くことは繰り返すことよりも精神に印象づけるからである」と、今日の一般の考えとは反対に考えている。また、フレーベルは疑いもなく、当然として一般の訓練説を受け容れるのである。すなわち、幼稚園の訓練によって「私は…記憶力と想像力が相当に増大したこと」、―また「知覚と理解の力が鋭敏になっていることを発見した」と述べている。

興味深い考えは、フレーベルの「典型的な形」の概念である。立方体は、「立体でまた空間を占めているすべてのものの重要な部分の典型的な形である」。「…子どもが特別で個別的であるすべてのものに総合性と統一を理解できるように、生涯の早い時期に、まさに子どもの時に、何か典型的なものが与えられることが、人類にとって非常に重要である」。かくして、子どもが立方体に慣れ親しむようになった時、箱や本のような他の長方形の形を持つものの主要部に子どもの注意力が呼び起こされるのであり、それらの線、面、点などの「立方体それ自体の内に統一されたすべてが、子どもの周囲の事物のなかに別々に知覚され得るのである」。為されるかも知れない多くの論評のなかから、二つのことで十分であろう。第一に、子どもが線や面と直方体などに注意すべきであると要求する理由は、十分でないように思える。何人かの幼稚園教員たちは、このことを不当に極端化している。第二に、ここで言及された「総合性と統一」は、現実生活の場面からの一般化のように、より通常の状況のもとで現れたほうがよい。子どもは円形についての現実の場面から、「円」の概念を獲得するほうが苦労しない。「典型的な形」は、最も良心的な幼稚園教員にさえも真剣な考えを与える必要がないのである。

フレーベルの関与でもっと多くの価値ある実践は、子どもが精通することを望んだ幾つかのものに名前を付けていることである。「すべての知覚は言葉に結びつけられなければならないし、それによって知覚が思考の内により明確に定義されるであろう」からである。これは、論理的に確かな心理学である。唯一の批判は、フレーベルがそのことに関して余りに多くのことを期待したということである。彼は、子どもが非常に幼くて「言葉はまだ理解できない」時でも、好んでそれを使ってさえいるのである。その際、フレーベルは「子どもへの印象」は「永久的な成果」が無くはないとさえ述べている。ここには、しばしば、子どもの子どもらしい欲求に先んじて、子どもの観念を早く導く別の巧みな実践を用いるフレーベルがあった。いかなる母親も、彼女の赤子が空間、時間、「自己充足したもの」「本来存在しているもの」[9]の概念を獲得するために苦心する必要はないのである。彼女の歌声はもっとよい使われ方がされるべきなのである。

第一二節　章のまとめ

かくして、フレーベルの教育心理学の検討を終わりにする。彼の文化反復説は、現代の響きを持っているが、今では我々にとってほとんど、あるいは少しも価値がないと考えられる。生得観念が胚種として眠っているという説を真剣に考察しかねるのであるけれども、我々はそれによってフレーベルの教育理論の主な礎石を否認するのである。象徴主義についての広範な考察は、次のことを明らかにした。すなわち、(一) 前で拒否された意味において観念の胚種という想定された存在と、そして (二) 象徴は、象徴化された事物の何らかの経験に先立つ効能を持っているという信念である。このことは、検討に基づき承認されなかったものであったし、またフレーベルの象徴主義の特殊な説の全体が失われたということでもあった。しかし、発達説におけるその想定された基盤は否認されたけれども、フレーベルの教育上の自由説は、無視できない価値がある。このことは、発達の意味と、また教育的な自由を結果としてふたたび語ることへと導いた。フレーベルの自己活動と遊びの理論は、最も流行している最近の思想の価値ある先取りであることが分かった。遊びの教育的価値の現代的評価に最も重要な一つの影響をもたらしていることが、フレーベルの功績であった。幾つかの小項目で本章を閉じたが、その主なものはフレーベルの「典型的な形」の説であった。それは、一般的な考えの本性と機能に関する今流行の概念に矛盾すると思われる。概して、フレーベルの心理学は、子どもに同情的な配慮から来ているのに比例して力強く、また彼の全般的な哲学体系に起源を持っているのに比例して弱いのである。彼の感覚が彼の理論よりも真実なのである。

第四章　幼稚園の恩物と作業

第一節　恩物シリーズ

フレーベルによって考案された幼稚園の教育課程の核心は、恩物シリーズである。フレーベル自身の言葉では、「発達の法則と生命の法則に応えて、子どものための訓練と作業の過程は、これらの作業と遊戯のための材料の形ではっきりと表現するための媒体を必要とする。それゆえ、この要求に応えるために、私は『遊戯のための完全な恩物シリーズ』という名称のもとに一連の遊びの材料を整えた」のである。

最初の問題は、この「恩物シリーズ」がどのように「発達の法則」と「生命の法則」から得られたかについてである。フレーベルにとって、個人の発達には一定の順序があるということは明らかであった。すなわち、「すべての事物の発達には一定の過程と順序がある。それは造物主が人類を創り上げる時に従った過程と順序であり、人間が従うことも許されているに違いない」。恩物シリーズの由来が論理的、あるいは心理的、あるいは社会的な理由に基づいているかどうかは、考慮される必要がない。フレーベルにとっては、「すべての事物の発達には、一つの確かな過程と順序」がある。恩物シリーズは、これら考察のどれか一つか、あるいは三つのすべてから由来しているかもしれないが、結論は同じであろう。すなわち、「これらの…最初の遊具の選択において」、我々は一方では思考と観念からの要求に全く厳密に従ったし、また他方では子どもの自由な生活とその生命の要求に従ったので、一つの同じ結果に到達したのである」。

幼稚園の原理は「勝手に定められるのではなく、子どもを大きな人間家族の一員とみなしながら、子どもの精神的、肉体的な本質から論理的な「必然性」（Notwendigkeit）によって生み出されなければならない」と、フレーベルは他の箇所で述べている。ここには、前の三つの考察のすべてが提示されているが、しかし「論理的な必然性によって生み出されなければならない」という言葉は、示唆的である。

第二節　恩物シリーズの第一のものとしての球

恩物シリーズの頭には、球ないし球体が置かれている。「球は、…発達する子ども…のための最初の遊具として…世界的体系への十分な洞察のためである世界の球体の形として、まさに無条件に与えられている」。フレーベルによって選定されたこの球の優先性に対する理由は、大変多く、また多様なので便宜上七つの項目に分類する。すなわち、㈠球は象徴の価値を有している、㈡球は子どもの「対になる物」としての価値を有している、㈢球は「他のすべての形の胚種」として幾何学的な価値を有している、㈣球は精神を訓練する、㈤球は身体を訓練する、㈥球は子どもを社会化する、㈦子どもは球を好む、というものである。

これらのなかで、象徴の価値が本質的な価値であり、他のものはほとんどが象徴の例であるか、象徴から引き出せる結果である。球は、統一、包括的な全体、そしてすべてという三つの関連した概念を主に象徴する。「私の球は、どんな象徴を子どもに提示するのであろうか。統一という象徴である」。「子どもは…球のなかに各々の事物の一般的な表現を…独立した全体や統一として認識する」。「球という語でさえも、我々の重要な言語において、いわば球が万物の象徴であることを指摘している表現（*der B-all ist ein Bild des All*）と意味にあふれている」。すでに提示されたフレーベル主義者の象徴主義の一般理論は、なぜフレーベルがすべてを包括する全体と統一の象徴を彼の恩物シリーズの最初の構成要素として選んだかを明らかにするであろう。フレーベルにおける精神についての議論は、大体次のように推移する。教育は、本質的に子どもの胚種の開示である。この目的のために、子どもは象徴とあるいは胚種のなかに暗示された精神的内容を象徴するものと遊ばなくてはならない。教育の目的は、すべてを包括する統一、すなわち神の完全な知識である。この知識は、誕生時に精神の胚種の内に暗示された形で与えられているに違いない。したがって、子どもは、このすべてを包括する統一の象徴とともに教育を始めなくてはならないし、また最初の象徴から発達する他の象徴を用いることによって自分の発達を続けなくてはならないのである。球は、すべてを包括する統一の最初の象徴を提供するし、また同時にそこから他の恩物が引き出される胚種でもある。さらに、子どもの精神は正常な成長において分割されてない（無意識の）統一から分割された統一へと推移するので、象徴に対応する恩物シリーズは分割と統合を通して分割されていない統一から分割された統一へと推移しなければならない。したがって、恩物と作業の全体のシリーズは、（一）分割されていない統一の象徴としての均質的な球体、(二) 立方体、積み木、面、そして点 (典型的な段階のみに名付けている)、それらは、球体のなかに暗示され、分解によってそこから引き出される。(三)「作業」(典型的なもののみ) すなわち、刺すこと (点を作る)、縫うこと (点を繋いで線を作る)、織ること (線によって面を作る)、エンドウ豆の作業 (頂点とするエンドウ豆やコルクを細長い棒片で突き刺し、それらによって中が空洞の立体を作る)、したがってそれらは前もって分解によって到達した一般的な要素の統合を提示する。そして (四) 最後に、例えばエンドウ豆の作業によって構成された (ほぼ) 球体から成りたっている。[1] したがって、恩物と作業のシリーズは、全体として、またその部分において、本質的に象徴的であり、その象徴主義には球の特別な象徴主義が内在しているのである。どのような教育的価値が恩物シリーズに与えられようとも、フレーベルの目的のためには、球が「発達する…子どもの最初の遊具として絶対的に与えられる」。象徴主義の妥当性への検討は、フレーベルによって最初の遊戯の恩物として球を選ぶためにあてがわれた他の理由を考察するまで延ばされる。

球は、いわゆる対立の法則に従って子どもの「対立物」として価値づけられ、子どもが「自分の対立物であり、さらに自分に似たものである」事物によって「自分自身を育て作り上げる」ことを要求する。この対立物の「法則」に関する我々の議論と不承認のあとで、価値がないものとして球のためのこの口実を捨て去ることに、我々は何の躊躇もしない。球に存在する他の形の胚種に関する限り、我々の同時代の幾何学者たちは、そのような見解を聞いたら驚くであろう。球体は「根源的な形、地球と自然のすべての形と構造がそこから由来する統一である」ことや、あるいは球体が「すべての他の形…の胚種であり、それゆえ確固たる単純な法則に従って論理的に発展され得る」ということは、彼等にとってニュースとなるであろう。一方で、立方体が球体の内にあるのと同じくらい、球体が立方体の内に実際に含まれているとしても、また一方で幾何学が「根源的な形」としての球体のことを何も知らないとしても、なぜフレーベルがそのような立場を保持しなければならなかったかが容易に分かる。彼の象徴主義は、球体で彼の恩物シリーズが始まり、球体で終わることを要求した。すなわち、立方体と他の形が他の、かつ僅かな象徴の理由から必要とされたのである。このような事情のもとで、フレーベルは後に立方体を他の形から引き出せるように、立方体を球体のなかに置いたのであり、そうして彼の好みの発達説を象徴化したのである。

球が精神を「訓練する」という陳述は、さらなる考察を必要とする。すでに「典型の形」という考えについて論じたが、そのなかでは球が「個々のすべての（球体の）事物の特別なイメージなのである」。「典型の形」の心理学は、確実な根拠あるものとして我々の興味をひかなかった。普通の知性をもった子どもは誰も林檎の丸さを知覚するために球による特別な訓練を必要としない。林檎を手にした子どもの偶然の経験で十分である。我々は、子どもの注意かあるいは「自由で独立した行為」のどちらかを「育てる」手段として、球にいかなる特別な長所も認めることはできない。ゴムの人形や他の何か魅力的な遊具が、むしろよく役立つであろう。より興味深いことは、より妥当でないとしても、球がある重要な「事物や空間と時間の知覚」、「存在や所有や生成の知覚」、「現在と過去や未来の認識」を与えるという主張である。思考の世界に関するこれらの概念の価値は、論じられる必要もない。もし、球がそれらをもたらす特有の価値を持っているならば、我々は恐らく球に教育課程において特有の位置を与えるに違いない。しかし、実際のところ、球がこれらの概念を与えるのに役立つことができる限り、これらの概念は普通の子どもらしい遊びの副次的結果として、すなわちどれか一つの特別な理由もなく、また特別な装置もなく偶発的に出てくるであろう。これらの概念のなかで、空間と時間の概念が、特に興味あることである。物質的世界の事物は空間と時間のなかで批判的な精神に知られているので、それゆえ知られるようになった物質的事物を適切に位置づけるための分類棚を子どもの精神が持てるようにするために、時間と空間の概念が事物の知識に先立たねばならないと考えることは、大きな誤りであり、見たところフレーベルが属する学派の特徴的なものである。静止的な論理は、遺伝学的心理学への導きのように、ほとんど価値のないものなのである。この同じ批判が後に恩物シリーズの他の面でも適用されるであろう。

球が身体運動や社会的活動のための機会を与えるということは、疑うことができない。しかし、それらのことを考慮しても、球に何か特別な価値は付随していないのである。子どもは球で遊ぶのが好きであるということはまた真実であるが、しかし幼児が尊重するもののなかで、球が何か特別な位置を占めると考える十分な理由はないのである。

今、球を恩物シリーズの第一のものとするために、フレーベルによって付与された主要な理由を大まかに検討した。球が子どもの「対立物」であることや、球が他の幾何学的な形の胚種であるという主張は、真剣な考察では余りにも根拠のないものとして退けられる。球が精神と身体の確かな訓練を与えることや、また球は子どもにとって魅力的な遊具であることは認めるが、しかしいかなる特別な意味や度合いもないのである。これらの主張の内には、象徴は別にして、まだ検討されるべきであるけれども、子どもの発達における特別な位置を球に与える――僅かな程度でさえ――十分な理由は見出せない。これらのことは、他の考察から主張されるかもしれない申し立てを支持しようとさえしないのである。もし、フレーベルの著作に球を恩物シリーズにおいて特別に第一に位置づけている理由があるのであれば、その理由は象徴的な考察においてのみ見出されるに違いないし、他のどこにも見出せないに違いない。

第三節　球の象徴主義

さて、問題は球の象徴主義の妥当性である。これは、一方でフレーベルが考案した恩物シリーズの妥当性のより大きな問いの鍵となっている。象徴主義についての我々の独創的な議論は、ここで十分となるであろう。フレーベル主義者の象徴主義の原理を理由に、我々はさらなる面倒も無しに恩物シリーズを退けることが是認されるべきである。しかし、論争中の問題に特別な適用をすることは、場違いではないであろう。球の象徴主義には、次の四つの命題が含まれる。(一) 子どもの精神は胚種であり、まだ無意識であるが、しかし完全な意識へと展開するように「前もって定められている」。(二) 胚種の展開は、胚種に暗示された内容の具体的な象徴によって媒介される。(三) 子どもの精神に暗示された内容は、すべてを包括する統一の知識であり、前もって定められた意識的な知識を含んでいる。(四) 球とそれを含んだ形は、この暗示された内容の適切な象徴を構成する。

そこで、これらの命題を逆の順序で取り上げよう。球は、すべてを包括する統一の象徴であるのであろうか。人が球をそのように見れば、然りである。もし、人が球をそのように見ないのであれば、否である。球それ自体は、内在的な象徴主義を持っていないのである。教条的な体系の一部分として以外にはほとんど誰も、いたとしてもほんの僅かな者しか、この象徴主義を受け容れないのである。筆者は、他の誰も見出せないのである。象徴主義を受け容れるそれらの人たちは、均質的な球体が何か特に賞賛に値する種類の統一をどのように象徴化できるかを説明しないのである。数の統一である球は、数えられる何か他のものを共有するが、しかしそこには何も特別な主張がない。有機的な統一、あるいは社会的な統一や「すべてを包括する統一」はどうかと言えば、均質的な球体はこれらをどのように扱うのであろうか。筆者が見る限り、四番目の命題は失敗している。すなわち、球は望まれる包括的な統一の象徴ではないのである。分割されていない統一の象徴でさえもない。

第三の命題についてはどうであろうか。通常の人間は、生得的な才能によってすべてを包括する統一の意識的な知識へと前もって定められているのであろうか。そのような統一があるかどうかさえ、広範な見解の違いを伴う昨今の哲学論議の問題なのである。しかし、哲学の論議を別にして、実際の事柄として最善の教育を受けた人々のごく僅かな人々が、これまでそのような統一の概念を一考しているということを言うのに、我々は躊躇する必要がない。幼稚園の議論の外で、専門用語が（この意味での）実践的教育において決して言及されていないのである。実践的な人々はほとんど気にかけない形而上学者の学派に属する概念に教育課程を基礎づけることは、ほとんど必要ないように見えるであろう。第三の命題は、最も疑わしいのである。第一と第二の命題は、我々が注意を払う必要がない。その理由は、象徴主義についての特別な議論で十分に取り扱われたからである。子どもの精神は、フレーベルの象徴主義が求めるような胚種ではないし、精神的成長の法則が完全に異なる。さらに、そのような象徴主義は、象徴化された事物の経験より以前に子どもに訴えたり影響を与えたりすることができないし、また球が統一の象徴として―意識的に、あるいは無意識的に―子どもに訴えるという主張に足りると一方に偏した厚かましさがどこにあるであろうか。そこで、結論はどのようなものであるのか。極めて、否定的である。包括的な統一の概念は、我々のほとんどがそれについて僅かしかあるいは全く気に留めない概念である。もし我々が気に留めたならば、球は包括的な統一を象徴しないのである。球が大人のために包括的な統一を象徴したのであれば、それは子どものためにではないであろう。また、子どもの精神は、象徴主義が要求するような胚種ではないのである。かくして、球の象徴的な価値は全く根拠ないものとして退けられるのである。

第四節　恩物シリーズの派生物

恩物を順次取り上げる前に、一つないし二つ意味深い陳述について言及してもよいであろう。すなわち、「この遊びと活動の全体は事実のうえに成り立っており、実際に最も純粋で論理的な順序で、また球体と球から必然的に発展する」。「恩物シリーズにおいて各々連続する恩物は、…すでに考察された恩物の内に示され、またそれらによって求められなくてはならない。それゆえ、それらの次に続くものの特性に違いないものを見出すために、発展の過程をただただ分かる必要がある」。これらの引用は、恩物シリーズの派生物が、直接子どもの心理学に基づいてではなく、仮定された類似物、すなわち確かな（いわば）論理的法則の先験的な要求に基づいていると、我々を期待させる。その際、考察された恩物シリーズの展開を支配する法則は本質において、それ自体において、どのようなものなのであろうか。この問いへの答えは、フレーベルによって提示されたように、連続する恩物の論議において見出されるであろう。[2]

「さて、次の遊具」すなわち立方体「に進展するのに欠かせないものは何であろうか」。「遊びのために使われる次の立体が示さなければならない対立の特質は、これらである」。「球体は一つの面…曲面を持っている。対立するものは直線的な面と幾つかの（面）を持っていなければならない。球体は、角と縁をもっていないが、対立するものは角と縁をもっていなければならない」。

「さて、類似点として、球体はそれぞれ相互に直角に交差する三つの同様の方向か、あるいは軸線を持つ。…遊びに用いられる次の立体は、前述の対立物と同様の特性を必ず持たなくてはならない。しかし、これがあり得るのは立方体のみであって…、それゆえ立方体は子どもを発達させ、教育する第三の遊び道具として[3]絶対に必要である」。

球体から立方体というこの派生物のなかには二つの目的が表れる。第一は、対立物の「法則」を図示することかあるいは利用することであり、第二は、確かな数学的概念に導くことである。対立物の「法則」が全く子どもに対してではなく、大人が恩物の派生物を理解するかもしれないから、ここでは簡単に使われていると誰かが考えるといけないので、とりあえず関連するフレーベルの言葉を引用する。すなわち、「この法則が、子どもの発達の早い段階でさえ、子どもらしい方法で、子どもらしい単純な注意や認識に今やもたらされるということは重要である。この要求と、この要求に対する完全な従順の必要は、直ぐにそれ自体を明らかにする。…人生において偉大でかつ善いものであるすべてを理解し行うための子どもの最初の純粋な刺激は、子どもが楽しんでそのようにすることである」。換言すれば、球体と立方体との間の対立は、対立する幾何学的な特性を子どもに意識させるという直接の目的に役立つだけでなく、同時に暗黙のしかし眠っている魂の力を活動するなかで目覚めさせる（フレーベル主義の）すべての象徴のような役割を果たすのである。ここでは、フレーベルの概念において、対立物の「法則」自体が、「人生の偉大で善いものであるすべての」意識的な基盤なのである。そのようなものが「ほとんど六ヶ月か、少なくとも一歳足らずの子にさえも楽しみを与えるであろう」ということを読者が知る時、科学的観察者が証明できる直接的な心理学的影響よりもむしろフレーベルは象徴主義の間接的な効果を（我々はそれを神秘的と呼ぶべきであろうか）心のなかに持っていたと読者は信じる方が良いであろう。

第二の目的、「形や大きさ、数」のような確かな数学的概念を与えるか目覚めさせるという目的は、子どもを「子どもらしい方法で物理学と力学の基本的な観念に」導く恩物の効果との関連で、我々は最善の議論ができるのである。フレーベルが念頭に置いていたこれら「基本的な観念」のどれかは、「一歳足らず」の子どもに唱えられることを意図している次のような韻文から集めることができるのである。

「さあ、立方体を自分の手で握りなさい。握っていないと落ちますよ。」（反対の引力の圧力）

「しっかり手で持たないと、立方体は直ぐに地面に落ちるでしょう。」（引力による落下）

「それではまた球体が場所を取ります。ほらね、立方体はもうそこにいられないでしょう。」（空間の概念）

これらのすべての点について、前述の批評を繰り返す。物質的な世界の説明において仮定された論理を優先するために、もしこれらの概念が子どもに早くから与えられるならば、我々は真剣に異議を唱えなくてはならない。学習の順序は、論理的な配列の順序ではないのである。一般概念は、決して先行しないのである。

幼い子のために、フレーベルによって選択された観念は、例外なくこの一般的で予想的な性格のものであり、最悪な形のこの誤った考えに対して彼を有罪と判断せざるを得ないと感じるのである。フレーベルが球体と立方体の遊びに期待している次の典型的な例に注目しよう。すなわち、「ちょうど子どもが自分自身、遊戯のなかで、遊びによって内外で、**統一**から**多様なもの**、多数のもの、全体にどのように続いていくか、また多数のものと**多様なもの**が最終的に**統一**のなかにどのように再び見出され、また統一になるかを認識しなければならないし、また自分の生命の内にそれを見出さなければならないということは、子どもにとって重要なことである」。ここでの斜体字とゴシック字体は、フレーベルのものである。一体いかなるものが、子どもの心理学をこれ以上、より徹底的に冒涜することができよう。

我々の次の研究の対象は、分割された立方体である。フレーベルは恩物シリーズの派生物を特徴づけるに違いない発達の三つの原理を命名している。第一に、「各々の新しい恩物は、それが含んだものを明確にすることによって、その前のものを完全にし、説明する」のである。第二に、「各々の事物はそれ自体包括的な全体として、また同時に…より大きな全体の一部分として、子どもに見えるようにしなければならない」。第三に、「生活のすべての知識と理解は、内界を外界に、また外界を内界にすることと結びつけられる」のである。第三の特徴的なことは、特に分割された立方体で説明されている。すなわち、「一歳から三歳の子ども」は、対象物を扱えるようになった後、「今やそれを分解しようと試みる」。子どもが続けていくと、「やがて子どもは最初に自分が持った全体の形に部分をまとめようと試みる…。このようにして、子どもは対象物の外観を理解した後にまたその内部を調べることを好むのであり、全体の認識の後にそれが部分に分けられるのを見ることを好むのである」。このようにして、元の固体の立方体を八つの等しい立方体に分割することへと導かれるのである。これによって、子どもは「重要な知覚できる事実」を、「内的なものを外的なものに、外的なものを内的なものに作ることができる」のである。それゆえ、フレーベルは分割された立方体の役割を次のように述べている。「この恩物を用いることによって、個々のもののなかに全体的なものが（例えば、それぞれ個々の平面の中心に、すべての正方形の平面の中心がある）、最も特殊なものの内に最も一般的なものが（例えば、立方体の個々の頂点にはそれ自体の頂点と、個々の八つの立方体を組み合わせて作る大きな一つの統一体としての立方体の頂点それ自体が含まれる）、そして個々のもののなかに統一が（例えば、個別の立方体のなかに空間を占める統一体の特性や本質が含まれる）、さらに多種で多様なもののなかに単一で統一的なものが…徐々にますます認められ、理解され、表現されるのである」。八つの小さな立方体が子どものために好ましい遊びを提供するのは疑いない。しかし、一体誰が、フレーベルでさえ、どうやって三歳以下の、あるいはどの歳の子どもその事柄についてどの程度どのように「個別的なもののなかの全体的なもの」や「個々のなかの統一」を理解させることを期待できるであろうか。また、ここで示された幾何学的な例よりもっとひどい例でもあるのであろうか。フレーベルが全体的な概念の起源や機能を完全に誤解していると言っても、言い過ぎではないであろう。

残りの恩物の詳細を論じる必要は少しもない。次の（第四恩物）は、元の立方体から八つの等しい積み木形に分割されたブロックで構成されている。第五恩物は、元の立方体から二七分割された小さな立方体で構成されていて、またその三つは対角線で半分に分割され、さらに三つは対角線で四分の一に分割され、残りは分割されていない。この第五恩物の楽しい数学的な派生物を長く引用して考察することは止める。その論調の例として、おおよそ全体の十分の一を提示する。「垂直線と水平線は、ともに直線である。これらの線は、方向において対照となっている線である。対照は、発達の普遍的法則に従えば媒介を伴う。対角線は対照の直線を媒介し、またそれゆえ直線が必要とされるのである」。

これは、我々の恩物シリーズの派生物の考察を完全なものにする。フレーベルは、この恩物シリーズを考案するのに、第一に象徴の考察によって、第二に最も一般的な特徴の確かな数学的、物理的、そして論理的な概念を子どもの内に発達させようという欲求によって影響を受けていたことを、読者は十分納得したと思われる。これらのことは、子どもに自然の世界についての理解を与えるであろうと予期されたことであった。我々は、これらの価値について論議を繰り返す必要はない。ここで見出されたような象徴的なものは全く価値のないものであるということ、また一般的な概念が幼い歳の者にはほとんど同じく価値のないものであることは、躊躇なく認められるであろう。しかし、最終的な価値評価をする前に、恩物が用いられるべき方法を考察しよう。なぜなら、そのことが我々の判断に入らなくてはならないからである。

第五節　積み木使用のための指導

子どもが分割された立方体の一つで遊び始める時、個々の箱に入った恩物が子どもに手渡される。子どもはその箱の上下をひっくり返す。「しっかりと手で蓋を抜き取り、外箱を真直ぐ持ち上げる」、このようにして分割された部分がきちんと整えられた立方体全体が子どもの前に現れる。このことが子どもに「多くの内的な有益」をもたらすであろう。すなわち、第一に「整然とした仕方でその遊具を受け取ることは子どもにとってよいことである」。第二に、「子どもが、簡単な完成体全体の認識を持って遊び始め、またこの統一体から彼の表現を発達させることは、子どものために良いことである」。第一の示唆は、何か遠大な転化だと断言しても誰も気にしないであろうけれども、整頓と秩序の方向へ進むのである。第二のものは、また象徴的である。フレーベルは、「完成体」に対する固定観念を持っている。彼の象徴主義の残りのその他のものと一緒にこの例も退けられるのである。

フレーベルにとっては、恩物の素材を用いたどの構成物においても「一つの永遠で、絶対的に必要な条件」があるのである。すなわち、「素材の全部が使い尽くされねばならず、あるいは少なくともそれぞれ別々の断片は全体とある具体的な関係にあるように整えられなくてはならないのである。これは考える精神を目覚めさせる一方で、また想像力を強め高めるのである。なぜなら、多様なもののなかに基礎となっている統一体が目に見えて明らかになり、また目に見えない法則が感知されるのである」。さらに、象徴が統一体に関係する。今度はむしろ欠陥のある形においてである。なぜなら、素材の人為的で外形的な統一体の方を好む子どもの計画の内在的統一体から注意をそらすという傾向があるからである。同様に、子どもが残りの積み木をどう嵌め込むか考える思考は、子どもに対して外から課された人為的な問題に関係している。この法則におけるフレーベルの目的の二つの面は、彼の自己活動の真の生命原理に直接対立している。それぞれの新しい例は、フレーベルの象徴主義が自然で健康な子ども時代を本質的に失わせるという事実を、より明確にするのである。

第六節　連続説

恩物の用法において、もう一つの規則がまだある。すなわち積み木で構成される諸形式の連続性を規定する「連続」という規則である。その様な諸形式に関して、フレーベルは次のように考える。すなわち、「諸形式は一つがもう一つの形式から展開されるということが、とりわけ重要である。恩物におけるシリーズのそれぞれの形式は、その前のものの変形ないし移行でなくてはならない。各々の形式は完全に崩されるべきではない。各々の段階がより多種多様な進化か、あるいはより大きな単純なものへの回帰のどちらかを示すようにシリーズが展開されなくてはならないということが、また本質的なことなのである」。フレーベルにとっては、子どもが「一つの事物がどのように他のものから生じたか、また他のものに変えられ得るか、例えば一つのテーブルが一つのテーブルと二つの長椅子に変わり、それらが四つの長椅子に変わる等々」を見て知ることが重要なのである。

フレーベルの見解には「事物におけるある必然的な内的一貫性の予感、それはその形式の内やその目的の内にあろうが ― 確かな内的生命の至る所にあるこの多様な知覚が ― 覚醒されるだけでなく、子どもの生命を育成し形成するのである。すなわち、分離と除外は生命を破壊し、結合と関与は生命を創造するのである」。フレーベルの実践は、彼の意図を再三挫折させる。テーブルと二つの長椅子が一つのテーブル「から生じる」時、「必然的な内的一貫性」がどこにあるのか。もちろん、「連続」の意図は発展を象徴化することであるが、しかしフレーベルにとって不運にも、それは誤った発展を説明している。長椅子はテーブルから進化しないのである。子どもにとって幸いなことに、象徴主義は子どもの側ですべて棄損されているのである。この「連続」は、子どもに他の妨げほど悪影響を与えない。子どもの自然な遊びが、単に妨害されるだけであり、それだけのことである。

この連続において子どもは「むしろ、古いものの残骸から新しい事物を望むことよりも、きちんとした方法で古いものから新しいものを作り上げるために、注意と忍耐、また事物の現在の状態に対する尊重…」を学ぶということがボルマンと共に主張されるならば、一八四八年に企てられた革命後のプロシアにおける激しい反動期の発言であることに、我々は特に言及する。ボルマンの好意的な報告でさえ、プロシア中の幼稚園の禁止を防ぐことができなかった。この報告の言葉は、驚くべき保守主義を鎮めることを意味している。それは、実際「忍耐と事物の現在の状態に対する尊重」を望んでいるのである。一八二六年のフレーベル自身は、ずっと民主的であった。しかし、「事物の現在の状態に対する尊重」は、子どもの形成するものの内に見られるように、ただ象徴的であるのである。その唯一の効果は、外的な制限を定めることである。我々は、子どもに「忍耐」を学ぶことを望むが、しかし服従の忍耐ではない。我々は、子どもに古いもの、すなわち利用できるものを使うことを望むが、しかし資源を心して大事に使うという理由であって、それが古いからという訳ではない。もし、この連続する形成物が子どもに何か効果を持っていたとすれば、子どもの自然の努力を不利にすることを救ったのであるし、もし象徴主義が働いたならば、その合法的な効果は何でも ― 古いものの思慮のない保存に対する盲目的な尊重を進展させるであろう。我々はそのことを望まない。「連続」の効果は、また悪しきものである。

「連続」の第三の見地は、フレーベルのもう一つの好みの「法則」の例示化である。第四恩物（煉瓦の形）の積み木によって「美の諸形式」を作るなかで、「放射状のもの」と「円環的なもの」という二つの形が表れる。「これらの形は、対になるものである。正反対でかつ関連した形の出現は、媒介や移行を求める…。それゆえ、放射状の形は仲介する形によって円環的なものと結合されなくてはならない…。これらの移行した形は新たな媒介を求める」。フレーベルの著作を余り知らないある人々は、筆者がフレーベルの幼稚園体系の無用の長物を、たまたま論評のために不正に選んだのではないかと尋ねるかもしれない。そうした例ではないということが、「純粋で対立するものの目に見える結合のなかに、子どものためのこの（第四）恩物の形成的でかつ教育的な影響が存在する」という、この特別な連続に関するフレーベルの明白な陳述からうかがえるであろう。積み木遊びをする子どもたちを注意して見る我々のある者は、子どもたちにとっての価値がより手近にあったと考えたかもしれない。しかし、フレーベルの見解は余りに異なっている。この「純粋で対立するものの目に見える結合の内に…有限と無限、必然と自由、規則と自由意志がいかに密接に結び付いているかを、子どもは早くに予想し、知覚し、理解する」。読者は、「有限と無限を…早くに知覚し、…理解する」という言葉に注意することを求められる。象徴主義は、さらに主張できるのであろうか。あたかも象徴主義と対立の法則に対する不当な強調を拒絶するかのように、フレーベルは次のように続けている。すなわち、「知覚できる現象という手段によるこの普遍的な法則の実例は、我々の判断では、…大気から空気を吸うのと同じように、子どもの心情や魂を養うために重要である」。幼稚園とその実践についてのフレーベルの意識的な定式化は、大部分が「対立」と象徴主義という二つの誤った原理に基づいているということは、全くの真実である。そして、すべての幼稚園の関係者は、この事実を認めなければならない潮時である。[4]

第七節　「生活の形式」

恩物のより擁護できる用法は、「連続」の実践から離れて考察された、いわゆる「生活の形式」において見られる。これら「生活の形式」は、象徴主義を含んでいる。この象徴主義は、生得観念を目覚めさせるために構想された象徴主義とははっきりと区別されねばならない。子どもらしい見立て遊びの象徴主義については、第三章五〇頁の論議で言及した。そのなかの事物あるいは象徴は、普通大人の生活に属する活動を子どものレベルで行うことを許している。例えば、泥のパイは、子どもが大人の生活で見たことのあるものの模倣で、初めて料理し、接待することを可能にしている。ここで子どもは家庭で観察したものを再生し、実行に移し、「試みる」のである。そのようにして、振りをする活動が始まるのである。コーヒーが望まれると、きれいな水がその代わりとなり得るのである。たとえコーヒーポットが全く空であっても構わないが、ただ注ぐ振りをするだけで、主人と客は空のカップから本気で飲むであろう。この想像的な要素は、子どもらしい無力さに有益な対応物であるように思われる。なぜなら、それは空のカップ、ただの水、コーヒー色の水、子どもによって準備された実際のある飲み物、そして最後にコックによるコーヒーという様々な段階を経て、年齢が進むとともに消えるからである。大人の生活の実際の事物を手に入れることができない子どもの無能力の対応物なので、この振りをする力は足りないものを補充するのである。それゆえ模倣の活動はすべての想像されたもの全部に続けて行うことが許されるだけでなく、想像することの純粋な行為が付加的な情熱を与えるのである。しかし、心理学者たちは、想像する行為は子ども自身による自己活動に主導された模倣の生活の描写の手段として自然に従っている時にのみ、最も楽しいのであることを認めている。フレーベルが、子どもが主導した遊びは別として、積み木を与える考えの巧妙な取り扱いを守るための動機として子どもの想像に対する好みを用いる時、子どもの想像力はその本当の機能から脇へと反れたままになるし、また感傷主義が結果として生じるのである。ある節で、フレーベルは立方体が子どもに表わすことができる二〇の事物に言及し、またそれでも満足しないで「無数の他の事物」を加えている。彼は、「子どもはこの表象によって多くの見解のもとで一つの事物を知覚し理解することへと早く導かれるであろう」[5]と、説明している。明らかに、ここでフレーベルは子どもが遊びを通して自分自身を表現することにではなく、立方体が「一つのものと多くのもの」の論理的概念を教えるであろうことに関心を持っている。もし、子どもが自分自身の主導する遊びの過程で積み木を今はあることに、そして今は別のことに二〇回以上も使用したがったら、ただ好ましい結果となるのであり、何の不都合もない。しかし、もし幼稚園教員が、子どもは彼女の設定した外からの目的を達成するという彼女の決定のもとに、子どもに立方体を次々にテーブル、腰掛け、椅子、暖炉、櫃、箪笥、家などであると想像させたとしたら、想像の自然の機能が非常に曲解されるので子どもは飽きることになり、結果として幼稚園批判はかつて指摘されたもの以上になるであろう。「生活の形式」を表すための恩物シリーズにおける積み木と他の構成物の使用は、フレーベルによる貢献の最も実りあるものの一つであるが、しかしその内に内在する楽しみが「不快な」形而上学的な苦い丸薬を甘美に見せるものとして用いられてはならないのである。幸運なことに、よりよい心の薬は、形而上学的な苦い丸薬が子どもにとっては好ましいものではなく、またはいくら良くても役に立たないということを知っているのである。そのために、今や我々は、現実の子どもの動機から現実の遊びを処方してよいであろう。そのような遊びから善の結論が出て来るであろうと、確信してである。

第八節　「認識の形式」

「生活の形式」と「美の形式」については、数回言及した。「認識の形式」で、三つ揃いが完全になる。これらの三つの術語は、恩物の三つの異なった用法や意図に言及している。生活の形式は、テーブルや椅子、鳥や籠などのような社会生活の事物を象徴する恩物の用法や作業に関連する。美の形式は、美的な鑑賞に訴えるように意図された材料の配列である。これらは、普通中心に対して対照的に作られている。認識の形式は、算数や幾何の事実を教えるために構成されている恩物の配列である。恩物のこれら三つの用法では、生活の形式が最初に提示されなくてはならないし、次いで認識の形式、最後に美の形式が提示されなくてはならない。フレーベルは、「私は一般的にこの移行を保持することが非常に重要であると考える」と述べているが、しかし他の所では「使うことから美へ、また美から真実へ」の移行を明らかに認めるということで、彼はどうも矛盾している。「生活の形式」と「美の形式」については、前に十分に述べられたが、しかし「認識の形式」に関してはほとんど語られていない。

認識の形式の使用は、「一歳から三歳の子ども」で始まるし、また現在一般的にはもっと遅い年齢に先送りにされている幾つかの分数の概念が含まれる。例えば、保母は八つの小さい立方体を次のように歌うのである。

「ほら、ここを見てごらん。全部が一つ、半分が二つ。
半分が一つ、四分の一が二つ。半分が二つ、四分の一が四つ。
全部が一つ、四分の一が四つ。
四分の一が四つ、八分の一が八つ。
八分の一が八つ、全部が一つ。
多くなったり、少なくなったり、
不思議なやり方だね」。

「さて、このすべての目的は何であろうか」とフレーベルは問い、そして次のように答える。「子どもは大きさと数との関係をすでに明確に理解しているはずであるということ、しかしある音が常にある知覚と結び付けられているということ、また、その音は再び聞かれる時にある知覚を呼び起こすかもしれないし、またそのような何か不明確なあるいは空虚なものは決して子どもの身近なものとはならないかもしれない。これらはいわゆる学習の形式によって…決して意図されたものではない」。このような歌以上に一歳から三歳まで子どもの前に「不明確で空虚な」ものをもたらし得るものは何もないと、ある人たちは考えるであろう。[6]

「三歳と四歳の子どもたちに適用される」認識の形式は、より幾何的な性質がある。次に、遊びは第四恩物(八つの煉瓦のような形の積み木で立方体を作る)を用いている。多くの同じ様な遊びと歌の後に、次の歌が歌われる。

「さあ、新しいものをあげましょう。
それで遊ぶことが好きになるでしょう。
長さが二倍で幅が半分、
長さが半分で幅が二倍、
二つのものは同じ大きさです」。

フレーベルは、直接の関係においてそのような練習に関して、「それらの熟考と理解は、三歳と四歳の子どもの生活や心と精神に申し分なく適合しているし、そこで実際に自由な遊びが全面的に採用される」と述べている。ここで述べられている判断に、教育者たちのすべての世界は、フレーベル主義者たちも非フレーベル主義者たちも同様に、反対と言う必要はない。フレーベルは事実の問題を根拠に諸事を放置することに決して満足しないということを付け加えてよいであろうし、「そのような練習が子どもに自然と生命の内的調和の予感を与える」と言うのである。そのようなことが、どの程度真実なのであろうか、筆者は知らないのである。

二一の小さな立方体、立方体が二分されたもの六個と、立方体が四分の一に分割されたもの一二個で構成される第五恩物の場合、要求される認識の形式は本当にびっくりするものとなる。子どもは「与えられた出発点から展開において完全な自由」を許されているが、フレーベルが次のように言っているのを我々は見出す。「このように、子どもは子ども自身の衝動に従って、長方形の角柱から先に進んで菱形の角柱を台形の角柱に展開させてよいのである。これらの形は、六角柱や五角柱に導く」。これが簡単な操作であったならば、それは言われているほど悪くはないであろうが、しかし子どもは自分が作っている形を知らなくてはならないのである。子どもの「表現は子どもが望む（原文のママ）明確さと正確さに高められなくてはならないし、また最終的に子どもの作品は明確に言葉で定義されなくてはならない」のである。予知されていたかのように、フレーベルはこの構成において象徴化された発達を見ている。「至る所と同様に、ここでの造形の影響にとって第一の重要な点は、一つの形からもう一つの形への展開である」。

「至る所と同様に、ここで最も重要な点」は象徴の価値であるが、関係している純粋な幾何は見過ごされるべきでないのである。かくして、台形を作りながら、子どもは次の歌を歌うことを教えられる。

「鈍角は短い方の辺に見えるし、
鋭角は長い方の辺になければならない」。

あるいはまた、子どもは指導のもとに正三角柱と、次に高さが半分で底辺が二倍の正四角柱を造りながら、次の歌を歌うことを教えられる。

「私はあなたに三つの角だけしか見せないが、
あなたは四つの角が見られる。
私はちょうど同じ長さで、
あなたの二倍の背の高さ、
私たちが同じ地面を被っているように、
私たちの容積は、等しく見えるにちがいないのが正しい。」。

フレーベルが「知識」の選択を子どものレベルに適切に対応させてないことを示すために、「認識の形式」に関することを十分に述べてきた。仮に普通の子どもが熟練された指導のもとにこれらの練習を通して導かれることができたとしても、二つの根拠のない異論がまだ残るであろう。そのような練習は、自発的な興味（「自己活動」）の要求と矛盾するし、またそれらは子どもの生活において生き生きと機能できない知識を伝達しようと努めているのである。そのような教訓的な活動を遊びという名で呼ぶことは、その言葉を貶めることである。それらの内に教育的な価値を見つけるには、幾つかの不当な専門的理論を受け容れざるを得ないことであろう。これは、もちろんフレーベルが彼の象徴主義と論理的予想の説の両方で行ったものである。なぜなら、すべての物質的事物は数学的な容量を持つので、それゆえ子どもは物質の世界を理解するために容量を先に学ばなければならないのである。その際、あらゆる観点から、フレーベルの直接的な意図におけるこれらの「認識の形式」を、幼い者の教育課程に不適合なものとして拒否せざるを得ないと私たちは感じるのである。

第九節　恩物シリーズの意義

恩物シリーズとその用法の論評をさらに長引かせることは、最も忍耐強い読者でさえも甚だしく辟易させるであろう。恩物を考案したフレーベルの目的は、適切に選ばれた作業や遊戯によって、子どもの発達を保証することであったということを、我々は見てきた。発達を単に開発することとして考える誤りを見過ごして、子どもの教育のために為された最も独創的で価値のある示唆の一つを、我々はフレーベルの努力の内に見なくてはならない。幼児教育の入念な制度が、指示された知的な課題から独立して考案されたことは以前には決してなかったのである。実際、ジャン・ポール・リヒターはそのようなことに関して書いたし、またウィルダースピンは子どもがそれ以前よりもより多くの楽しみや自由が持てる教育体系を後に考案した。しかし、ジャン・ポールは方策も教育体系も実現しなかったし、またウィルダースピンの努力は実質的には形式的な学習を体裁よくしただけであった。反対に、フレーベルは主に現実の子どもの生活の観察から、子どもが予定された成長と発達を達成するかも知れないそうした活動を与えようと意図したのであった。この推進において、彼は最初（一八二六年以前）、子どもにとって価値のある練習として、遊びのなかで子どもは「少なくとも人類の業績を心のなかで繰り返すべきであり、人類の業績は子どもにとって空虚で大部分が死んだものではないであろうし、またそれらについての子どもの判断が外面的で気乗りしないものではないであろう」と信じながら、積み木と表現に飛びついたのである。これらの造作の目的のために、フレーベルは（ウィルダースピンと同様に）長さ一インチから一二インチの多様な形の積み木を用いたのである。数が最も多いのは、「少なくとも五〇〇」あり、長さ二インチ、幅一インチ、高さ二分の一インチの煉瓦状に形作られた積み木であった。第四恩物が、数年後にまさにこれら積み木の八つから構成されたと気付くと興味深い。その後、一八三六年にフレーベルは次のように語っている。「立方体から球体へという、順序が逆であったとしても注目すべき同様の手法をもって、子ども期の最初の遊具として、球と球体や立方体が発見され、完成された」。かくして、彼の心中では発端の順序は次のように思われていた。すなわち、（一）一インチ平方で、長さ一インチから一二インチの積み木、（二）煉瓦形の積み木[7]（第四恩物）、（三）立方体、（四）球体の順である。これが最後の恩物シリーズの逆の順序と、いかに近いかを論評する価値はある。より早い時期（一八二六年以前）の期間でさえ、フレーベルは知的なものを強調していた。少年は造った時に自分が造ったものを言葉で正確に述べなくてはならない。すなわち、「僕は垂直の片で垂直の壁、扉、等しく離れた二つの窓などを造った」と。このようにして、各段階に明確な意識をもたらすなかで、恐らくフレーベルはまさに彼の師ペスタロッチによる影響を受けた。ある者は「これらの課題の効用を疑う傾向があった」と、フレーベルは言っている。彼は、彼自身のために「この教えること（組み立てること、描くこと、形成すること等々）は感覚を、また感覚を通じて思考の力を要求し、外的な手先の活動に取り掛からせる」と考えたのである。

フレーベルの思考における連続的段階を再構成することは、大変であるが、教育的である。知的な目的がここに含まれているが、『人間の教育』の他のところでもはっきりとますます優位を占めるようになった。幼児の研究のために年長の少年たちを教えることを彼が諦めた時、彼の考えでは、幼い子どもは普遍的なものの探究の前に観念を論理的に獲得するということを彼は何とかして達成しなければならなかった。この目的のためには、観念の段階が選択されて整えられなければならない。すなわち、最も包括的なものが子どもによって最初に割り当てられるべきであって、重要性の減っていくものなども順に割り当てられるべきなのである。[8] これらの観念の間では、統一が最も包括的であるので最も重要なものとして最初に位置していた。子どもはこの段階をどのように獲得するのであろうか。観念の幾つかに対しては、空間と時間や幾何的な概念や規模はそれほど高くはなく、十分に繰り返されれば通常の経験のようなもので十分であったであろう――とフレーベルは考えた――。段階においてより高い包括的な観念に対しては、それは明確に子どもの経験を超え、それらを覚醒する生得観念説と象徴説が待ち構えていたのである。フレーベルの思考においてこの段階に到達された時、簡単な木製の積み木はもはや十分ではなかったであろう。他の恩物や作業が象徴主義の要求に従って考案されなくてはならないし、また特に対立の法則の実例を含みながら、これらの要求に合うように全体が整えられたのである。今の完全な恩物シリーズの目的は、このようにして子どもに観念の段階、統一、多様性のなかの統一、複数性、対立物の媒介、一般的なものと特殊なもの、「部分と全体」（*Gliedganzes*）、空間、時間、存在、生成、種々の幾何的事実と数的事実、等々を与えることであった。このための拠り所は、第一に―いかなる人間も理解できない方法で働くには力強く十分な―象徴主義にあったし、また第二にはフレーベルがそこでは冷静な観察をはるかに超えてさえいるけれども、余り難しくない観念に対処できる何回も繰り返された経験にあった。

これはフレーベルの後の理論と実践の起源であり、彼自身の早期の好ましい思考からの悲しむべき堕落である。象徴主義を受け容れながら、また対立物の媒介が本当に普遍的なものにおける根本的な事実であると信じながら、彼はそれらに実際彼の新しい施設すなわち幼稚園の全手続きの基礎を置いたのである。幼稚園は、これらの根本的な欠陥にも拘わらず、どうしてそのなかに幾つかの非常に生命力あふれる原理を持っていたのか、それは後に論じられるべき問いである。

第一〇節　章のまとめ

フレーベルの一連の恩物と作業のシリーズに関して、中間の結論を下すことにする。（一）子どもにすべてを包括した観念の段階を与えるというその直接の目的は、論理学と心理学の混乱に基づく誤りである。(二)すなわち、象徴主義によってこの目的を達成する最初の方法は、偽りと誤って導かれた心理学に基づいている。(三)次の方法、すなわちある抽象的な観念の習慣化は、子どもの活動についての誤った観察から考案されている。さらに他の視点から、次のように我々は結論付ける。(四)幼児教育のために明確に定められたシリーズの教材を捜し求める十分な理由がまだ明らかにされていない。(五)それらが要求されたのであれば、それを考案している(類似の)論理的方法は、子どもの心理学に完全に違反している。(六)フレーベルが意図した恩物シリーズは、理論においては妥当性がなく、また実践においては正当化されない。(七)フレーベルの恩物シリーズそれ自体のさらなる使用は、より好ましい教育課程のための科学的探究を妨げ、知的な幼稚園教員を不利な場に立たせ、そして最もよく知られている授業を楽しむ子どもの権利を侵害するのである。

第五章　幼稚園の教育課程の付加的原理

恩物シリーズはフレーベルの幼稚園の教育課程の最も明確な部分を構成しているけれども、考察を要する他の原理がある。ところで、それらのなかで遊戯の用法ほど印象的に際立っているものはない。それでは、遊戯に関するフレーベルの目的は、どのようなものであったのであろうか。

第一節　フレーベルの遊戯の用法

幼少期の子どもの遊びは、フレーベルによって少年期の遊びと区別されており、「活動それ自体」が前者の幼少期の遊びの特徴であり、一方少年期の遊びは「明確に意識した目的」を含んでいる。後者は主に遊戯の内に見出され、そこでは社会的な要素が明確な特徴である。少年の遊戯から生じる好ましい結果は、ほとんど次のことより多く述べられない。すなわち「正義、穏和、自制、正直さ、忠誠、同胞愛、また厳格な公明正大さ…勇気、忍耐、決意、慎重さ、…寛容、熟慮、同情、勇気」である。後の時期に、フレーベルはペスタロッチの学校で見学した遊戯を論じながら、「遊戯のより高度で象徴的な意味が私にはまだ分かり始めていなかった」と述べている。この「遊戯の象徴的な意味」が分かり始めたまさにその時、我々はそれが証明されたと言えないが、年齢が進むとともに彼の課題の論議において増大する重要な要因であると分かった。

幼稚園のための遊戯を作るなかで、フレーベルは少なくとも一部帰納的な手順の方法に従った。すなわち、「私が手に入れた我々の遊戯の大部分は、まさにそれらは遊んでいる子どもたちをただ見ることによるものであり、それから子どもたちの遊戯を私の全体系の精神の内で作り直した」のである。そのような遊戯の社会的価値は明らかである。つまり、「多くの子どもたちのための協同遊戯は…仲間と共同の習慣において、子どもの本性によって仲間付き合いをしきりに求めて、子どもを鍛えている」。陳述は、明らかに現今の心理学に完全に一致している。全学年をもつ我々の学校のほとんどは、この一般的な概念をはるかにより完全な方式でよく利用するであろう。フレーベルの日々の課程表における柔軟性は、多くの点で疑問へと通じる一方、彼は遊戯の事柄に関しては明白である。彼が提示したものは、「行われてよいことのまさに完全な見本であり、「…真の幼稚園教員は子どもたちの提案に耳をすますであろうし、また状況によって導かれるであろう」。少なくとも、ある時には遊戯が工作と時間を等しく分け合ったということを、あるものによって思い起こすであろう。

フレーベルは、遊戯の身体的な面にも同様に興味を持っていた。あるところで、彼は「子どもの手足と感覚を訓練するように整えられた小さな遊戯」について述べている。他の所では、彼は子どもの遊戯には「体育の主な運動のすべて」が含まれていることを強調している。そして、『幼稚園の教育学』では、彼は球の遊戯に関連した幾つかの身体運動を提示している。さらに、徒競走を含む「戸外」での運動への幾つかの言及もある。フレーベルの読者たちは、これと関連して「どの町も公共の運動場を持つべきである」という彼の意見を、また別の時に彼が運動場の指導者たちの訓練をどのように計画しているかということを思い起こすであろう。

フレーベルによって述べられた運動遊戯の検討は、子どもたちにとって極めて魅力的である運動遊戯の幾つかを明らかにしている。すなわち、「子どもは歩くのが好き」（輪のなかで行った）、「私たちはみんな歩くのが好き」（これは近隣を実際に訪ねることを意味しているかもしれない）、「カタツムリ」（列になった子どもたちが渦巻きになるようにうねって進み、また逆にうねって元に戻る）、「車輪」（子どもたちが廻る車輪を作る）、その他の様々な円になっての遊戯である。これらが元気な歌と適度にリズミカルな動きでうまく遊べれば、子どもたちはとても喜ぶ。そのような遊戯の実際の利用で、フレーベルは幼児教育に偉大で永遠の貢献をした。私が知る限り、この方針に沿った先駆者の仕事を十分に行っていることで、彼は全く信頼を受けるに値するのである。他の人たちがそのことを書いており、さらに別の人たちは楽しめるレクリエーションとして遊戯を奨励したのである。フレーベルは、遊戯を教育的価値のために最初に用いたのであった。未来の学校は、遊戯と遊びをもっと徹底的に用いるようにさえなるであろう。

フレーベルの他の幾つかの幼稚園の活動に対して、これらの遊戯の優れている価値は、それらの遊戯における彼の独特の理論が―理論において提起される一方で ― 部分的に実践においては余り効果が無かったという事実のせいである。読者は、フレーベルが集めた遊戯が「彼の全体系の精神の内で」作り直されたことを思い起こすであろう。このように、彼は遊戯の「内的精神」とその「最も深い意味」について述べているのである。フレーベルを知れば、彼が「遊戯の内的意味を明らかにするための…歌をほとんど」持っていないと聞いても、また「子どもの成長する心によって後に到達されるような遊びの理解力が、目指す主要な事柄である」と知っても、我々は驚かないのである。フレーベルはこの意味の側面を非常に強調するので「我々はここで子どもらしい一方的な遊びではなく、大人や教養ある人たちの真の思想や理念を表現する遊戯を持っている」と力説するようにまでなっている。子どもたちを愛する人フレーベルでさえ、子どもの生活は大人の（推測では）現実の生活に備えるための程度に応じてのみ真実であるという、古い時代の観念から完全には逃れることができなかったのである。

第二節　遊戯の「内的意味」

「明らかにされる」べきこの「遊戯の内的意味」を説明するために、幾つかの点がフレーベルによって明らかに示されている。子どもは歩き回る遊戯で気づいたことに関して問われるべきであり、「事物を観察することなく事物のそばを通り過ぎない」ことを学ぶであろうし、また「最も鋭い観察に対して賞賛が与えられる」のである。これに伴う価値は何でも、遊戯それ自体に内在しているというよりもむしろ、せいぜい付随的なものである。それゆえ、我々はそれを無視してよいのである。ある戸外の遊戯は花や植物とともに行われなくてはならない。「そのような遊戯の事物は…子どもたちを自然現象の観察へと引き寄せ、また同時に純粋なもの、永遠なもの、たゆみないもの、常に平和的なもの、自然の有益な生命に対する共感へと引き寄せるのである」。ここで述べられている自然学習の第二の目的はどの程度まで望ましく、また実行できるかは、子どもの生活に対する個々の解釈者たちで異なるであろう。しかしながら、これを望み追求することは、全くフレーベル主義者の立場の特徴的なものである。

「遊戯の内的意味」は、フレーベルにとって非常に大事なので、幼稚園の実践の他の場合と同様に球と円に最も密接に結び付けられている。球は上手に用いられなかったけれども、フレーベルは全く不思議にも前述した運動遊戯のために「球は刺激と型を与えた」と主張している。球が使われる他の種類の遊戯では、彼は「球の運動は子どもたちに魅力的に影響しているように思える」と述べている。多分—幾つかの口やかましい批判が加えられるかもしれないが—同じことが、現代のフットボールの試合においても真実である。また、フレーベルは「球の遊戯によって、特に知的に遅れた子どもたちよりも病弱な子どもたちによって得られるほとんど魔法のような効果」について述べている。彼が見たところのものを述べていることは、情緒的に明らかである。すなわち、それらは「暫くの期間ずっと興味のないままだったのである。最後に、あたかも深い悲しみから、喜びが生じ、子どもたちの顔中に笑みが広がり、子どもたちの小さな腕がはじめて命を獲得したように見えることが、あなたは分かるのである」。しかし、この時までに球のためのフレーベルの法外な主張に、我々は完全に慣らされるのである。全体と統一の象徴化された概念は、彼にとって常に大事なのである。我々は、前に子どもにとって魅力的な遊戯として「カタツムリ」について言及した。フレーベルは、それをシリーズの終わりの遊戯として認めている。なぜなら「それは生き生きとした活動の一つの全体にすべての子どもたちを結び付け、そして最終的に全体性の象徴である円の形を生み出すからである」。

しかし、すべての子どもらしい活動、円運動の遊戯は、多くの意義を有する。「円における遊戯は、ほとんど子どもたちを飽きさせなかった。この事実の理由は、私の思考の奥深くある」。これらの理由は次のように述べられる。すなわち、「この種の遊びは、三つの生命の象徴である。第一に、それは個人の生命の象徴である。…なぜなら、我々のすべての行動は、遊戯における子どもたちの行動のように、何か一つの目に見えない根本的な…魂の憧れに向かう。第二に、それは自然の生命の象徴であり、そこでは惑星と同じように…すべてが統一の中心の周りをぐるぐる巡る…。第三には、それは人類全般の集合的な生命の象徴である。その究極的な…結合はさらに全生命の目に見えない統一の中心に支えられている…」。

擁護する読者は、これらの理念が幼稚園教員だけに関わることであると応えるであろうか。フレーベルは、即座に関連して、「私は、子どもが生命のそのような象徴化された関係に憧れる（*ahnet*）のは、確かだと考える」と答えている。そして次のように続けるのである。「もし、機会が提供される時、象徴化された関係が覚醒され、内的で精神的な直観となるよう高められるならば、後に子どもに為されるべき要求や、子どもは現象が絶え間なく変わる遊びの真中に生命の目に見えない統一を確実に保持すべきであるという要求に対して、子どもは勇気づけられるであろう」。

統一に加えて、他の概念が円運動の遊戯に含まれる。子どもたちの大きな円は幾つかの小さい円に分かれ、そしてそれらは後に再び結びつけられる。「この方法で、特殊なもの、個人的なもの、そして普遍的なものが段階的変化と調和の内に示される」と、フレーベルは述べている。これらの全般的な観念が誰に示されるのかと、あなたは尋ねるであろうか。フレーベルは、「この種の経験を通して、子どもは自然と生命のなかに特殊と普遍の関係を認めるように準備され、そして最終的に宇宙の構造におけるこれらの関係の意義を実現するように準備される」と付け加えている。読者がこの陳述を受け容れようとなかろうと、フレーベルは完全に信じていたのである。一八五〇年にフレーベルが取り仕切ったアルテンシュタインの祭りは、彼によって詳細に叙述されているが、まさにそのような心理学に基づいていたのであった。その時の標語は、次のシラーからの引用であった。

「子どもらしい遊びのなかには、しばしば深い意味が存在する」。

最初に、全員の子どもたちの大きな円が作られ、「すべての顔が円の中央の方に向けられ、またこうして各々が全体を見渡した…。この方法で参加者のそれぞれに生命の最も効果的で最高の認知が生まれ、…外見上は目に見えない統一が全体を決定していったし、さらに円を決める目に見えない中心がここに生まれた」。そして、八つの同心円が形成された。「この組分けは、…一つの観念を心にとどめておくことが、下位の全体の形成を拒まないということを表現した」。「外には正反対の現れ方をしている」にも拘わらず、一つの観念が広がることができることを示すために、子どもたちが「ごらん、私たちはみんなここで合体しているよ」と歌いながら、円は右へ左へと交互に動いた。それから各々の円は、指導者が中央に歩みながら渦巻きを作るような方法で解かれたり、他の円と結び付いたりした。「目に見えない中心が、魅力的で統合的な力の内に見えるようになった」し、また子どもたちが行進したので、「種子から展開する植物のように、全体は中心からふたたび展開した」。ここまで、我々はこの祭りのなかで象徴化されたすべてを包括する統一、部分と全体の関係、対立物の媒介、および発達の概念を見てきた。フレーベルには、「前述した知覚が子どもの生活に何の効果ももたらさないことは、ほとんどありえないと思えたのである」。

第三節　代替の象徴主義

フレーベルは、遊戯の象徴的な用法に対して有りそうな異議をあたかも検討するかのように、用いられた歌が示唆するような「範囲内で、そのような意味が子どもにおける意識に及ぶべきであることを意図して」いないと認めている。そして、彼は「愛する幼稚園教員が可能な限りはっきりと意味を記憶すべきである。幼稚園教員による遊びの意味のこの明確な知覚が、春に種子や蕾や花に働きかける明るい陽光や暖かい空気のように子どもの心に働きかけ、子どもを暖め、発達させ、形成させて思慮深さや知性と理性、生命の理解と結合に至らせるのである」と指示している。

この代替の象徴主義は、フレーベルの一定の支持者たちによって多く作成され続けてきた。それらは、概して象徴主義が子どもたちに直接影響を与えることを期待する無益さを如実に示しているが、それにも拘わらず彼らの体系にとって極めて本質的である説を放棄することが嫌なのである。したがって、彼等は前に引用したフレーベルの示唆に逃げ込み、また幼稚園教員の見習いに、彼女の発するものから結局子どもが望み通りの有益な結果を受けるかもしれないということを期待して、象徴主義におけるさらに完璧な基礎さえも与えるのである。もし誰かが徹底したフレーベル主義者の象徴主義は反啓蒙主義の極限であったことをこれまで考えたならば、幼稚園教員の心に単に保持されている象徴主義がフレーベルの約束したような成果を子どもにもたらすことができると考えるこの単純な心理学に対して、その人は何と言うであろうか。それ自体の重要さを減ずるような不可能な説を離れて、我々は子どもに対する効果から教師に対する効果に戻ろう。子どもにとって根拠のない象徴主義についての前述の主要な議論は、ここでも同様に保持される。子どもができない事例での象徴主義を、幼稚園教員の見習いが高く評価することがあり得るというのは真実である。そのような例は、もし価値があるとすれば、フレーベル主義者の心理学を用いない詩情に大部分属している。若い幼稚園教員がフレーベルの象徴主義に含まれている微かな光明を知的に捉えることのできる他の事例では、結果は十分想像できるほど価値のないものである。例えば、養成校において少女たちが『母の歌と愛撫の歌』の原画にフレーベルの指示によって込められた象徴主義のすべてを指摘することに費やした時間の浪費以上に、あるいはもっと空虚な時間の浪費があり得るであろうか。けれども、この慣習が今日でさえも見出される。

象徴主義のそのような利用が科学的な心理学の方法を取り入れているという害は、尚更に深刻である。もし幼稚園教員が象徴主義の観点から遊戯を選択し、それに応じて彼女の園児たちを指導するならば、彼女は子どもたちに対して本質的には虚偽の児童心理学によって指導しているのであり、結果として彼女の時間と努力を最も有効に使うのを損ねるに違いない。それは、疫病を追い払うために太鼓を叩いているようなものである。注意と信頼が無益なものに向けられているならば、直接的な状況に遭遇しないだけでなく、科学的な方法における進歩がずっと先に延期されるのである。教師たちに与えられた象徴主義は、子どもに直接的に与えられた時よりも害は少ない。ともかく、その当面の影響はあまり致命的ではない。しかし、将来に目を向けるならば、象徴主義がその途方もない考えとともに直接的に子どもたちに与えられることを人はほとんど好まないであろう。その時、常識は後退するであろうし、また幼稚園教育から常識を全く完全に追放してしまうであろう。

第四節　母の遊びと『母の歌と愛撫の歌』

遊戯と母の遊びとは、ほんの一歩の隔たりしかない。フレーベルの他の本は、それほど論議を引き起こしていない。この本は、「子ども、すなわちほんの乳児期の子どものごく最初の訓練に関する母親たちと家族のための本」として、フレーベル自身によって記述されている。幼稚園教員たちのあるグループは、フレーベル主義者の伝統の固執の一方で、まさしく幼稚園前の年齢に相応しいと明らかに思える『母の歌と愛撫の歌』を、少ししか利用していない。別のグループは、同書を実際に幼稚園の教授手順の核にしている。さらに第三のグループは、他のもっと良い教材が利用できると考えているので、同書を僅かしか利用していない。同書を擁護するフレーベル主義者たちに対して、幾らかの同情を感じなくもないのである。同書は、我々が考えるようにフレーベルの本質的な立場の評価を十分含んでいる。多くの点でフレーベルの代表作である『人間の教育』は、彼がごく幼い子どもたちに何か特別な関心を持つ以前に書かれたのである。『幼稚園の教育学』と『発達による教育』にある記事を集めたものは、しばしば退屈な細かいことに陥っていて説明的で無味乾燥になりがちな傾向がある。『母の歌と愛撫の歌』は、それと対比すると、特に幼い子どもに関するものであり、決してまた機械的な説明ではない。それらはフレーベルの子どもへの関心の極致を表現し、子どもの最も魅力的な時期—乳児期—を描いている。フレーベルは他のところではほとんどないのであるが、そこでは母性本能の動きを提示していることは疑いがない。フレーベルは、若い母親に「これらの歌と遊戯やお話は、…あなたの子どもが腕のなかにいる赤ちゃんの間、子ども時代の最初期の生活を乗り越える、強い支えを得るのに助けとなるものである。」と述べたのであった。同書における最初の章句は、「最初に生まれた子を見入る母親の感情」を叙述している。最初の遊びは、「足ばたばたの歌」である。

「赤ちゃんが幸せに手と足を動かす時、母の内には大変楽しい遊びの愛好心が動き出す」。

このように、同書の訴えるものは、第一に最も深い感情の一つに対するものであり、特に幼稚園教員であることを選ぶ人たちが夢中になるものである。単なる合理的な理由による拒絶が、当然訴えの本質を明確に識別していない人たちの一部に敵意を引き起こさせることは不思議ではない。第二の動機は神秘的なものであり、これを感じる人はより少ないが、しかし彼等は強く感じているのである。このような態度を表明している幼稚園教員たちは、フレーベルの諸著作にこれまで以上の満足を見出すのであり—そのように彼は確信し、—またずっと彼女たちを引きよせる神秘に大変親密に立ち入るのである。彼女たちにとっては、フレーベルの教説は宗教になるのである。それで、フレーベル崇拝が現れるのである。

フレーベルの思想と理念の全般的な陳述に対する注意を控えるならば、『母の歌と愛撫の歌』の教育学的な目的は適切である。子どもの本能的な反応に言及し、また社会的理想の実現にこれらを利用することは、極めて重要な成果である。遊びは、子どもらしい本性と努力の自然な遊びは、観察者が自然な興味を発見するためと、それらを適切な社会の目標に導くための両方に手段として役立つのである。教育方法の—少なくとも幼い年齢のための—どんな陳述ももっと適切に、あるいはもっと魅力的なものにはできないであろう。学説の多くの価値ある派生的効果を入念に仕上げる仕事は非常に楽しいであろうから、初めてここで取り扱われる教育の世界にとって、これが新しい理念だろうと人は望むことができるのであろう。

しかし、この一般的な目的の推進のために、フレーベルはその本をどのように使うつもりであったのかと問う時、予想は変わる。疑いと不確かさが生じる。フレーベルは、その本は「子ども、すなわち、ほんの乳児期の子どものごく最初の訓練に関するものであり、子どもの魂と心や子どものすべての内面の本性と同様に、子どもの身体、子どもの手足や感覚に影響を与えて訓練すること」のためであると言っている。本それ自体の検討は、この目的の多くの証拠を明らかにするであろう。多くの指遊びは幼児向けである。「お菓子づくり」は、乳飲み子に戻らせる。（幼児の広げた手で表される）「風見鶏」の遊びのなかに、「まだしゃべれないあなたの子ども」ということが特に述べられていた。そこで、本は「ほんの乳児期」のために考案されているという一面において—すべてがするように—同意してよいであろう。

しかし、同書はまた年長の子どもたちのことも考えている。フレーベルは、たとえ本が用意されていたとしても、その本は「家族の本として母から子どもたちの子どもたちへ手渡された」らよいということを願っていた。彼は、「あるものから本の絵に移るのを楽しむ」年齢の子どものための本は、絵本であるべきであるということを本気で言っていた。ただフレーベルはそれが何歳であるのがよいと考えたかは簡単に言えないが、しかしその本は明らかに幼稚園の年齢を超えた子どもたちに影響を及ぼすように考案されていると、多くの考察から躊躇なく考えられるのである。

第五節　『母の歌と愛撫の歌』の用法

その本は幼稚園とどのような関係を持っているのであろうか。実際、前述したように正統派のフレーベル主義者たちの意見は相違している。ある人たちは、事実上「母の遊び」を幼稚園の教授要目から除いていた。他の人たちは、「母の遊び」を幼稚園の課程の重要な基礎とした。フレーベルの目的は何であったのか。その本の表題と彼によるほとんど全般的な言及は、同書を幼稚園教員のためというよりも母のための本としているのである。彼は、同書が「幼稚園の教授の基礎」となるべきであると言おうとしたのである。しかし、このことは恐らく同じ原理が幼稚園年齢と同様に、最も幼い児童期の原理として保持されている以上の何ものでもないことを意味している。アメリカの幼稚園における同書の用法は、おそらく『母の歌と愛撫の歌』で考えられている養育を家庭が提供していなかったという印象によるものであった。一方、さらに同書で示唆されている遊戯は、フレーベル主義者の課程においては僅かしか提供されていない重要な要素を提供している。

フレーベルが提案したその本の使用法は、より好ましい遊びの一つである「風見鶏」によって説明できる。子どもがまだ母の腕のなかにいるような乳児で、話すことができない時、子どもは手を開き、そしてドイツの風向計の鶏を表すようにその親指を上に挙げることを教えられる。これは、単純な遊戯と思われるであろうが、「けれども、それは子どもに楽しみ ― 毎回新鮮な楽しみ ― を与え、そして子どもは長い間飽きることなくやる。…『風見鶏のしていることをやって見せて』と子どもに促すと、子どもは喜んでだけでなく、真剣に小さな手を動かす」のである。

さて、この遊びにおけるフレーベルの目的は何であろうか。フレーベルは、「あなたが子どもの前で事物を動かす時、動かす力が事物から少し離れているので、動いている事物を見ることよりも動く原因を探し求めることに子どもは楽しみを得ていることに、気づかなかったのか」と問うている。フレーベルの見解では、「ここではそれは同じことであり、それは結果の理由と結果の原因を感じたり制御したりすることであって、それがあなたの子どもをとても幸せそうに見えるのと同様にとても真剣そうに見えさせるのである。…動かす原因と動かす力が少しでも動いている事物の秘密である…という実際的な説明を彼は与えている」。これが、その時のフレーベルの目的なのである。すなわち、乳児は「生き生きとして活気のある事物の根底には、生き生きと元気づける力がある」という結論に至るということである。

年長の子どもたちのための「風見鶏」の用法については、しばらく後にしよう。一方で、フレーベルによって述べられたその説明の心理学を考察する。子どもが前述のような動きを習得するであろうし、また喜ぶであろうということは、誰にもよく知られたことなので、疑問の余地がない。また、子どもが子どもらしい方法で動く原因に注目し、―後になって―また自分自身が動く原因であることを楽しむこと、―それらのことは疑いのないことである。さらに、事物が動くのを見たり自分自身が動き始めたりする子どもの経験が、生きている身体という自分の概念形成における本質的な条件を豊かにしているということは、全くの真実である。この特別な事例において、求めに応じて自分の手を動かす乳児の喜びが、結果を生じさせた後の喜びと同じであるかどうかを、十分に問うてよいであろう。そのために、ここで説明されている方法で、この特別な幼児の遊びが生命の現われの根底にある生き生きとした力の概念を、子どもの心のなかに直接に発達させるのに役立っているかどうかを我々は問題にする。しかし、この異論は別にして、子どもの遊びがそう行動すると想像しよう。また、フレーベルによって探求された概念の科学的正確さを疑うことを止めないようにしよう。しかしながら、母親や幼稚園教員が、六歳前の可愛い年齢の時に、そのような概念の形成を指導するための面倒が必要かどうか問うことは極めて当然であろう。そのような概念が望ましい限り、それらは通常の豊かな子どもの生活のなかで、恐らく自然に形成されるであろう。このように、偶発的に形成される概念に関し、より意識的な定式化がその時に必要であるものは、何でも後に形成されるのかもしれない。もし、子どもが ― 我々の意識的な指導なしで ― 自分の必要や後の発達に十分な生き物の観念を少しも獲得できないのであれば、その時はあらゆる方法で我々は子どもがその機会に出会うように骨折るべきである。しかしながら、子どもの人との付き合いは、必要であるすべてのものを相当よく供給するであろう。ペットと遊んだり他の生き物を観察したりすることは、憩いとなるであろう。そのような機会を子どもは持たなくてはならない。この線に沿ってどのような概念形成が生じているのかについての母親や幼稚園教員の側での過大な意識は、危険かも知れない。特に、子どもによって獲得されるべき根本的な概念に関して、彼女がより多く意識していればいるほど、子どもはその概念をよりうまく獲得するであろうというフレーベルの思想を、彼女が持っていればさらに危険かもしれない。その危険は、より古い精神における大きな意識が大人の定式化そのものを子どもの心に押しつけるなかで現れてくるであろう、ということである。もし避けられなければば、道徳ぶった早熟が、そのような環境のもとで必然的な結果となるであろう。

しかし、「風見鶏」は、他の「母の遊び」のように、また年長の子どもたちにも重要である。フレーベルは、母親に宛てた言葉で、次のように述べている。すなわち、「風の日というよりもほとんど荒天の日に、あなたの愛する子どもたちはあなたと一緒に家の前の乾いた場所に行く。そこで、子どもたちは絵が表しているような多様な風の力の現われを見る。教会の塔の風向計は、きしんで鳴る。乾かすために外に干してある布が風のなかではためき、男の子によってにわか作りされた旗は高く波打ち、風車がうるさく音をたてる。『ママ、今日は風が大変強い日ね。…こんなふうに何でも動かす風はどこからくるの。』母親は答える…『我が子よ、私たちが確かに知ることができる多くのものがあるけれども、しかし見えないでしょう。…あなたの手は動くけれど、しかしあなたには手を動かす力が見えないでしょう…後になって風がどこから来るか、もっともっと分かるわよ』」。

フレーベルは、概念形成の基礎として生活の普通の現象を利用するように、母親にはっきりと示唆している。ここでそう述べられたように、子どもたちへのより良い外の指導はすることができない。『母の歌と愛撫の歌』のなかの絵は、そのような現象の学習と利用に子どもを導くのと同じように、明らかに母親を導くために考案されている。大まかな考え方は、とても優れている。しかしながら、フレーベルが子どもの心のなかに意識をもたらすことを望む特別な概念は、多分未解決の問題があるかもしれない。あるものは、他のものよりもよい。我々は、現象の背後の「力」についてもっと多く述べるように望むかどうかを、手近な事例において科学的に問題にしてよいであろう。術語は、むしろ過去に属している。しかしながら、この唯心論的な仕方で神を認める人たちには、この特別な概念はより強く訴えるであろう。

第六節　母の遊びにおける象徴主義

多くの人々にとって、フレーベルは種々の母の遊びにおいて、彼の諸著作の他の所と同様に象徴的で比喩的なものを非常に多く創作していると思われるであろう。説明されるべきことが余りに多く含まれる「足ばたばたの歌」のなかのランプや搾油機は特に好ましくないものである。「風見鶏」の乳児の表現は、明らかに大人との共同にも拘わらず風との正当な教育学的関連を少しも有していない。そのように「おしまい」のなかで子どもが手を振るのは、「もし人々があるものを持ち続けていたいのであれば、それらの事物が関わるところではどこででも実利的でなければならないし、注意深くなければならない」と、そのように年長の子どもたちの授業の教科書は作成されている。「おしまい」と手を振ることが乳児にはよいかもしれないし、そして気配りすることが年長の子どもには好ましい。しかし、その二つの間の結びつきは、確かに子どもたちの思考において求められるべき種類のものではない。同様に、熟したすももと酸っぱい林檎を味わうことで始まる「味の歌」は、注釈では「特に道徳的意味に転移される味覚を進歩させること」を含んでいる。『ありふれた低級な味覚』を持っていると非難されることを誰が好むだろうか」。子どもが振り子のように腕を使うことで構成されている「チックタック」は、「腕のための運動とその形成」であると言われているが、しかしフレーベルは、我々は「私たちの可愛い子どもが時間に気を付けるように訓練する目的のために、小さな指遊びを利用する」であろうと付け加えている。誰も乳児が腕をぶらぶらさせることが十分によい運動であるということを問題にしないであろうし、また確かに乳児は成長して「時間を気にする」ことが必要であるが、しかしこれらの二つのことを一緒にすることは、少々短絡である。もちろん、フレーベルはそれをすることができるであろう。なぜなら、彼が関連して述べているように、子どもの時計に対する興味の根底には「時間の価値について深く眠っている予感が存在する」と、彼は信じていたからである。全く、驚くべき信念である。

比喩的な例の最も悪いものの一つは、「小川のなかの魚」である。これは子どもが指の動きで魚の泳ぎをまねることで、乳児の段階で―「魚の外形」―を表現している。多分、その動きは指にはよい動きである。乳児に対して、それに「魚の泳ぎ」のような名前を付けるのは疑問であるが、しかしそのことは大目に見よう。この単純な運動遊戯は、「自ら自由にかつ熱心に動き、汚れのない澄みきったもののなかに自らを導いていく力を鳥と魚の両方から得る」ために、子どもが飛んでいる鳥や泳いでいる魚を捕まえようとするというような驚くばかりの主張に導いている。しかしながら、そのように捕まえても無駄であろう。「自由が獲得されるべきは、内からである。…母親よ、たとえ最初はそれがおぼろげな観念であったとしても、それをあなたの子どもの身近にもたらすように試みなさい。…この目的のために、汚れのない澄みきったもののなかにあり、また楽しく刺激的で愉快な運動のなかにある、あなたの子どもの初期の喜びを利用しなさい」。これ以上に悪いことが、あり得るであろうか。子どもは喜んで走りスキップする。子どもは、空中の鳥や小川の魚を捕まえようとする。母親は、「内から新鮮で純潔な雰囲気が得られる」という観念を―それは弱々しいけれども―子どもに与えるためにそのような方法で、これを用いるよう努力しなければならない。

これがすべてではない。『母の歌と愛撫の歌』の挿絵のなかの「曲がったものと真直ぐなもの」が著しい特徴を示している。「魚は真っ直ぐ泳いだり曲がったりして泳ぐ。水は真っ直ぐ流れたりカーブして流れる。木は真っ直ぐ成長したり曲がって成長する。細い真っ直ぐなアルム百合（オランダカイウ）の周りに蛇が陰険に巻き付いている」。読者は、これらすべてが何を意味しているのか不思議に思わないであろうか。「もしこのようにあなたの小さな子どもに早くから真っ直ぐと湾曲の間にある違いの変わらぬ印象を、また行動と生活のなかで、思考と会話のなかで、曲がったものの感じのなかには陰気さの印象を、真っ直ぐなものの感じのなかには快適な印象をあなたが述べるならば、真っ直ぐなことと真っ直ぐに行われるすべてのものは、子どもが行うすべての特徴となるであろうし、また子どもは自分の十分に発達した強さを正しく使うことで…まさに小川の楽しい魚のように、自由に楽しく動くであろう」。[2]

実際問題として、「母の遊び」を利用する幼稚園教員は、幾つかの遊びの乳児向けの面を年長の子どもたちのために意図された部分と組み合わせている。子どもたちは、乳児のために意図された指遊びを用い、意味しているものを「漠然と示す」ように意図された歌を唄う。そして、幼稚園教員は彼女の訓練と洞察に従ってフレーベルの説明のなかに見出だせる「諸原理」を適用する。フレーベルは、誠に奇妙な誤りによって、子どもの発達の順序に従って遊びを調整することや、発見できる順序に従って遊びを調整することさえも失敗した。さらに、母の遊びのうちの幾つかは、アメリカの幼稚園教員たちが通例子どもたちの前に持ち出したくないという話題を論じている。そのために、選択と調整が遊びの利用には必要なのである。これらに関するフレーベルの誤りは、疑いなくフレーベル崇拝の過激な支持者たちに苦しい疑問をもたらしている。

しかし、誤りは存在するし、また釈明されることはないであろう。

第七節　「模範」の遊び

『母の歌と愛撫の歌』に緊密に結びついている疑問は、いわゆる「模範」や典型の遊びの問題である。特にフレーベル自身が全くこんな風に自分の遊びを考えるつもりはないように思えるので、少々熱い議論を繰り返してこの問題に入るのを躊躇する。しかし、「模範の遊び」の主張を唱導する者たちは、精神において徹底したフレーベル主義者であるので、話題が全く無視されることはあり得ない。フレーベルが遊戯を蒐集した時、当然身近な材料を用いたが、ただそれらを改変しながら自分の理論に適合させた。かくして、用いられた遊戯の多くは、当時の生活と大変緊密に結びついていたので、遊戯をすることで子どもたちに大人の生活状態についてのはっきりとした洞察を与えたのであった。遊戯は、これまで教育的な遊びの本質的な要求に合っていた。しかしながら、幼稚園がドイツ農民の生活状態から特にイギリスやアメリカの都会の新しい家庭にもたらされた時、施設や状態はもはや同じような身近の風習に関連していなかった。遊びは、かつてドイツでは毎日の生活に生き生きと結び付いていたが、今や子どもたちが家庭や路上で見るもののなかにどんな説明も見出せなかった。この変化した関係にも拘わらず、比較的動きがなく保守的な性格を持つ幼稚園の伝統が優勢であったし、また元来の遊びの多くが僅かに変更しながら続けられたのである。このことは、特に「母の遊び」に結び付いたそれらの活動について言えることであった。しかしながら、やがてドイツの遊戯を利用することが賢明かどうかという厳しい疑問が生じ、少なからぬ幼稚園教員たちが都会の身近な環境によって得られる題材に基づいた遊戯を率直に擁護したのである。

これに対して、一部は保守主義から、一部はフレーベル主義の理論から、伝統主義者たちは次のように答えた。すなわち、問題の遊戯はたまたま半世紀以上昔のドイツの小さな村から生まれて来たのに、それにも拘わらず一般的であり典型的であったので、それゆえ遊戯のなかに簡潔に示されている単純な生活から発達した複雑な生活へと子どもを上手に導き入れることができたのであると。かくして、干し草をかき集め、畜牛に餌を与え、そして牛乳を搾る真似の動作をする都会の子どもは、この観点から型と象徴によって我々の複雑な現代社会に浸透している経済的相互依存の正しい認識へと導かれているのである。

論争の両陣営が多少とも同感しないということは不可能である。一方で、推定は遊びから多くの社会的洞察が生じることを期待することに、明らかに反している。遊びで表現された生活の状態は少なくとも何か直接の接触によって生気を与えられることはなかったのである。統覚の根本原理は、禁じている。もし、子どもが騎士を見たことがなかったり騎士について理解するように聞いたりしたことがなかったならば、騎士を演じることは騎士道を導入させる貴重な機会を何も与えなかっただけでなく、その後そこからいかなる発達も与えなかったことになるであろう。子どもは、遊戯を楽しんでよいし、また遊戯に熱中してよいが、しかし騎士的な要素は子どもには失われている。子どもは、「オート麦、エンドウ豆、豆、大麦が育つ」の歌を唄うであろうし、また大変熱中して遊戯で遊ぶであろう。しかし、子どもは経済の世界の大黒柱としての農業への洞察を獲得していないのである。事実、子どもは元の農業の歌詞を「熟した甘い豆と大麦が育つ」に言い換えるであろう。しかし、子どもが関心を持つものは何であろうか。子どもが望むのは、歌うことと遊戯であって、言葉の意味ではなく、まして遊戯に属する大人の意味でもないのである。

他方で、ちょうど前述したそれらよりずっと理解を与える遊戯がある。牛と干し草に関するものがその例である。干し草だけでなく牛も見たことのない子どもは、絵や書かれたものや芝居がかった身振りにより、農夫と干し草を赤ん坊の弟と殺菌牛乳に結びつける繋がりを理解する道筋に沿って、ある一つの方向に導かれるかもしれない。言葉や他のそのような経験を表わすものは、しばしば後の理解のための道筋を準備するであろう。しかし、進め方は注意深い考慮を要求する。事物の知識が示される前に記号を表わすものを与えることは、ある程度可能であるとしても誠に寛大な過誤なので、コメニウスから今日までそれに反してはならないと説教されることが求められるほどの短所ではない。それは、教師たちの陥りやすい過誤とよく言われるものかもしれない。

さて、「模範の遊び」に関する結論は、明らかなように思われる。もし、「模範の遊び」が子どもたちにとって魅力的なのであれば、それらの「模範」の性格をけなすには及ばない。多分、それは害を及ぼさないであろう。「模範の遊び」は、他の単なる遊戯のように成功もすれば失敗もするのである。しかしながら、もし先行する認識の経験は別として、子どもは社会的意味を伴う後の正しい認識へと象徴主義によって導かれるであろうということを期待して模範の遊びが取り入れられたならば、その時には模範の遊びの価値を真剣に問題にしてよいであろう。後の正しい認識のために学ぶことが極めて簡単に行われすぎるため、注意深い教育者たちはそれを推奨するのに用心深くなる。その上、幼稚園教員がそのような予想した象徴の学習を固く信じるのであれば、彼女はほぼ確実に子どものための結論を予想することになる。意味が子どもに押し付けられるであろう。大人による定式化が求められるであろうし、そしてそれが習得された時には賞賛されるであろう。そのような状態のもとで得られた結果は、実際の成長よりも一層もっともらしくかつ独断じみている。フレーベル自身は、幼稚園教員のそのような誤りを助長する。関連した議論のなかで、彼は子どもが「事柄それ自体の（すなわちあるべきと想定されるより深い意味の）ある予想を持つに違いないし、そうでないと遊戯は子どもに何の楽しみも与えないであろう」と明確に述べている。そのような陳述に単に誤りで不合理だとレッテルを貼りつけることのみでは十分でない。そのような説を教える本は、もっと注意深く用いられなければならないし、また議論のなかの原理にただ基づいた遊戯は取り除かれなければならない。どの「模範の遊び」も立ち入ってはならない領域の境界線に危険なほど近いのである。良いものを選び悪いものを避けるためには、目的の精密な検討が必要なのである。

そこで、『母の歌と愛撫の歌』について、同書は母親たちや幼稚園教員の見習いたちの手元に置くには安全な本でないと、全体として結論付けてよいであろう。彼女たちは、フレーベルによって意図された形式や精神において、その教えに従えば必ず誤って導かれるであろう。象徴主義や突飛な比喩は、本のより好ましい要素と余りにも込み入って織り交ぜられているので、どの学習者もそれらのもつれをほぐすことができるであろうとは望めない。幼稚園が同書から利益を得ていることは、十分に認められてよいかもしれない。すなわち、知的な幼稚園の指導者が同書からまだ示唆を得ることは可能かもしれない。しかし、実践的な幼稚園教員たちの皆は、もっぱら彼等の時間をもっと価値のある書物に費やした方がよいということは、はっきりしているように思えるのである。

第八節　フレーベルにおける自然学習

動物と植物の学習、戸外での自然一般の学習は、今日の学校生活の重要な部分となって来ている。フレーベルの心にぴったりと寄り添っているものは他にない。学校園に関する彼の唱道は、よく知られている。彼が動物の生態について興味を発達させるための特別な手順を考案しなかったとはいえ、それでも彼は子どもは動物を知り愛すべきであり、また動物との遊びのなかで、また遊びを通じて成長すべきであるということに大いに関心を持っていた。例として、「鳥の巣」は母の遊びのなかで最も成功していると、一般的に評価されている。しかし、フレーベルの心が特に向かったのは植物であった。この点以上に彼が神秘的であったところは、他にはない。生け垣の下に五つの金色の点のある五弁の小さな花を見つける母を亡くした内気な幼い少年についての彼自身による記述は痛ましい。何かよく分からない理由で、それは「他のすべてのものよりも私の注意を引き付けた。というのは、私がその花の冠を覗き込んだ時、小さな金の星の間に私は無限の深さを覗き込んでいると空想できた。私は、何年も何ヶ月もの間その花を数時間も覗き込んでいた」。フレーベルの精神においては、この観察は無益なことではないのである。すなわち、「五〇年後の今、思慮深い少年のように、なぜ花の深部をよく長々と覗いていたのか、また花の内にある生命の深さ、生命の法則と生命の意味を私にぼんやり分からせたのは生命の守護神であったということを、私は理解できるのである」。

さて、フレーベルの自然学習の論議のなかに、神秘主義と常識の両方を見出すための準備が、我々にはできたかもしれない。一つの存在が、もう一つの価値に対して我々を盲目にさせることは正当ではないであろう。フレーベルの最初の長編の書である『人間の教育』は、両方の観点を提示している。少年時代に対するこの暗示以上に、何かもっとまともでもっと現代の詩文に類似した分別に富むものなどあり得たであろうか。「人生のこの時期に特に望ましいのは、少年たちが所有し作物を作るために耕す庭での耕作である」。少年は、この点で彼の活動を評価するための一定の客観的な基準を持つであろう。その基準は、彼に環境や努力と結果の間の関連を教えるはずである。すなわち、彼の作業が論理的必然性と法則により決められた有機的な方法で果物を実らせることを ― 果物は、自然の発達の内的法則に従うけれども、多くの点で彼の作業と彼の作業の特質次第であることを ― 彼は理解するであろう」。そして、「もし少年が自分の小さな庭の世話をできないならば、せめて箱や鉢に植えられた僅かな植物を持つべきである。稀だったり弱々しかったりその両方だったりする植物ではなくて、葉と花が沢山あり容易に生長する普通の植物でなければならない」。たとえフレーベルが今流行の実践を作り出すことに何の役割も果たさなかったとしても、彼は明らかにそれを予想していたのである。

二つの追加された観点は、同じ論議の内に提示されている。すなわち、「他の生き物を護り世話した子どもや少年は、それが不十分なレベルであっても、より簡単に自分自身の生命を護り栄えさせることへと導かれるであろう」。一つの活動から他の活動への移行の広がりが厳密な検証のもとで行われた日には、この考察は次の考察と同じほどの重要性を持たないであろう。すなわち、「植物の世話は、カブトムシや蝶また鳥のような他の生き物を観察したいという彼の願望を満足させるであろう。というのは、それらを植物の近くで探し求めるからである」。より現代的な語句での「動機」づけと努力の方向は、より直接的な興味の対象と動物や昆虫との関係という問題によって確実にされている。

第一章で、すべての生命の並行の発達法則を考察した。また、そこでは植物が人間と人間の発展に投げ掛ける光として、フレーベルにとって特別な価値があることが指摘された。「神の純粋な精神は、人間の生命よりも自然のなかでより明らかにまた明確に見られるだけでなく、自然における神の精神の明確な発露のなかに、あらゆる素朴な明澄さと純粋さの内に反映された人間の本性、尊厳、神聖さが見られる。…自然のすべての事物のなかで、―植物、特に木々よりもすべての事物の内的な生命の穏やかな意味深い面と明らかな展開のゆえに―その点においてより真実で、より明確で、より完全で、しかも素朴であるものは何もないようである」。

このような考察は、フレーベルが至る所で「自然と生命のあらゆる事物から神への道があり」、また「自然の事物は、ヤコブによって見られたよりももっと美しい天と地の間の階段を作る」と述べることへと導くのである。このように神の王国に至るためには、「人は―特に少年時代に―自然と親密になるべきであり、自然現象の細部や外形に関してではなく、むしろ自然の内に存在して自然を支配している神の精神に関して親密になるべきなのである」。自然との交わりの教育的価値はすべてに等しくはっきりと分かるわけはないかもしれないが、自然学習のどうでもよい些細なことに対する警告は常に賢明である。フレーベルは、このことをさらに一層賢く追求している。教師たちは、「少なくとも週に一度は各クラスと一緒に―羊の群のように子どもたちを駆り立てるのではなく、また兵士の集団のように子どもたちを引率するのでもなく、息子たちと一緒の父のように、あるいは兄弟たちと一緒の兄のように、季節や自然が子どもたちに差出すものは何でも彼らに十分に知らせる― 散歩をするべきである」。

第九節　学校園

前述してきたことは、若者に関することで、幼い子どもに関するものではない。しかし、フレーベルは幼稚園の話となれば、同じように明快である。「幼稚園は…必ず園庭を必要とするし、また園庭のなかには子どもたちのための菜園が必ず必要である」。そのために理由の幾つかが言われていて、あるものは他のものよりもましである。自然は「神の行いにおける直接の顕示、神の最初の顕示」として見なされるべきである。フレーベルの見解では、このことは自然の成長・発達と人間の成長・発達の間の比較 ― 前に論じた自然の並行論 ― を提供しているので、特に重要である。「もし今、この比較研究が人間にとって重要であるならば、それは未発達の人間 ― 子ども ― にとって特に重要である」。しかし、また「社会的で市民的な集団生活の理由がある」。子どもは個人としてだけでなく、またより大きな集団生活の構成員として扱われなくてはならない。「一人と数人、部分と全体の間での、その相互活動は、植物の栽培に関連づけられた説明以上に、より美しく生き生きと明確に表明されているところはどこにもない」。これを完全に実行するためには、総合的な園庭があるべきであり、子どもたちがそれを共同で耕し、また個々の花壇は数人の子どもたちが世話をすべきである。これとの関連で、フレーベルは彼の象徴主義への間違いの最悪の一つに陥るはめになる。すなわち「子どもたちの各々の花壇は、特殊なものが常に一般的なものの内に保護されて安らぎ、また一般的なものが特殊なものをかばうように、全体の菜園に囲まれていなければならない」。しかし、このことはさて置こう。大まかな計画のなかに、我々は幾つかの極めてもっともな示唆を見出すのである。

「子どもたちは…決してこの園庭によって野菜の世界全体へと導かれるべきではなく、ただ人間に必要なものに最も密接に触れる部分に導かれるべきなのである」。食卓野菜と花の両方が含まれるべきなのである。個々の責任は準備したものによって決められる。すなわち、「子どもたち自身の小さい花壇には、自分たちが望むようなものと方法で植えることができ、また望むように扱うことができるのであり、自分たち自身の慎重な取り扱いから学ぶであろう。…このことは、子どもたちが注意深く観察するに違いない共同の花壇の植物によって、子どもたちに示されるであろう」。子どもたちが種と植物を容易に理解することを学べるように、それらが比較され議論されるべきである。次に蒔くために保存される種子は、子どもたち自身によって前もって作られた小さな紙の箱に保管されなくてはならない。花壇は、植物と子どもの名前をはっきりと示すラベルが付けられなくてはならない。このことを通じて、子どもは通路に沿ってただ読むことに駆り立てられるだけでなく、彼がした仕事次第で「相応する無言の賞賛や非難を」受けるのである。野生の植物は、それらについての子どもの知識を増やすために、三、四年ごとに使われるとよい。

フレーベルの自然学習の説明から、あれこれの点で多くが異なるにしても、全体として好ましいものは重要であり、不要なものは容易に省かれるということが認められるに違いない。議論の精神は、明らかに好ましいのである。ここでは他の個所と同じように、まさにフレーベルが子どもの生活により好ましいものをもたらす手助けをしたことを疑うということは不可能に思われる。

第六章　結び

我々は今やフレーベルの幼稚園教育の主要部分の精査を終えた。良し悪しの原理が見出された。追求された議論の細部が達せられた結論を不明確にしないために、それらの結論の主要なものを簡潔なかたちに集約するのが良いであろう。手近の目的のためにフレーベルの説のより哲学的な面は、ふたたび考慮される必要はない。ここで、我々は彼の支持者たちの実践に影響をより直接的に与えた彼の体系のそれらの原理を問題にする。フレーベルの体系の否定された原理から始めれば、最終的な結論は一層満足のいくものになるかもしれない。

第一節　フレーベルの体系における不完全な原理

「対立の法則」は、フレーベルにとって「世界の根本法則」と「彼の教育体系の全体的意味」の基礎であるということが分かった。我々は、これらの両方の見解を認めることができなかった。世界に関する科学的な研究者は、そのような法則を全く知らない。また、フレーベルの方法は、—その擁護できない側面を除けば—事実上このうわべだけの原理[1]から独立しているのである。実践的な幼稚園教員が、その「法則」について聞いてさえもいないということは、はるかに好ましい。「法則」の有益さは皆無であり、むしろ害になる。

フレーベルの発達の議論は、多くのより顕著な価値がある。彼は発達をずっと胚種に存在している内容の単なる展開としてただ考察するという間違いを犯したが、それにも拘わらずこの誤った形式においてでさえも、この説は独特な歩みを示した。その見地に従って、子どもの生活の早い時期は、子どもの潜在能力の完全な実現に唯一無二の必要なものとして考察されなくてはならないのである。したがって、幼児はこの時期と子どもの段階を完全に生きて過ごすことが許されなくてはならない。そのように述べられた理論は、子どもが本性的に悪なので抑圧されなくてはならないという当時広く一般化されていた見解との対比において、特に魅力的だとわかる。難しいのは、フレーベルの理論は子どもの生活に価値を与えていることであり、それが生活だからではなく、発達のみが生活に導くからである。今日、我々の最良の考えは、両方の考慮から幼い時期に価値を与えている。子ども時代はそれ自体において生活であり、生活が全体の一部分として、次に来るものを準備するのである。フレーベルの発達の理論に対するより一層明白な異論は、発達の理論の社会的な状況内の代わりに、子どもの生来の才能の内に選択の要素を位置づけているということである。率直な表現方法を用いた子どもたちの生得的な衝動の多くは、今日の社会生活に直には適していないのである。社会は選択しなくてはならないが、しかしその選択には、単なる展開としての発達は根本的に反するに違いない。このような発達批判のなかで、我々はフレーベルの子どもの自由説を批判する。なぜなら、彼が取り扱ったような二つのものは、同じ過程の相対する面なのである。フレーベルが指導を認め擁護したことは間違いないし、それは社会的選択以外の何ものでもない。しかし、この選択は「完全な」展開に対立しているので、フレーベルは対立を調和させることなく、両方のものを単にそう考えていたにすぎないのである。フレーベルの発達に関する立場は、良くても中途半端である。それは、抑圧というそれまでの実践に進歩を表明し、子ども時代を価値あるものとしているが、しかしどちらかといえば準備と約束としてなのである。それは、選択を十分に与えることに失敗しているし、またそれゆえ子どもの自由という難しい事柄において指標もなく我々を放置しているのである。

フレーベルの発達概念の最も顕著な推論は、彼の生得観念説である。すなわち、「それが子どもの中に存在せず、子ども内で生きて活動せず、子どもの生活を既に規定していなかったのであれば、後の時期にそこから出現することは絶対にありえないのである」。最も受け容れがたいフレーベルの陳述の幾つかは、この信念の説明として、特に生得観念が基盤を与える象徴主義との関連において現れる。子どもが自分自身を統一された精神的な全体として知るのは後のことである。この観念のおぼろげな予感は子どもの心の内ですでに働いており、また球がすべてを象徴しているがゆえに、子どもに球で遊びたいという気にさせるのである。我々は、ある信念を－不思議かもしれないが－フレーベルの幼稚園の教授手順の全体に浸透しているそのような象徴主義の効力に見出すのである。恩物シリーズは、象徴が徹底している。すなわち、目的や派生、使用の方法、期待される効果は、－すべてが完全に象徴主義に基づいているので、もしこれが拒否されるならば、シリーズは崩れるし、またその定められた用法は迷信以外の何ものでもなくなる。まさしくその運動遊戯は、象徴的な効果のために整えられていたが、—幸運なことに子どもはそれを無視することが出来る。母の遊びは、ほとんど恩物シリーズと同様に全く象徴的である。朝の輪になった集いや花壇さえ、逃がれることはできない。幼稚園のあらゆる特別な活動は、フレーベルによって考案されたので、何らかの方法で象徴的であり、またそのような結び付きが多ければ多いほど彼の眼中においてはより価値があるのである。

フレーベル主義者の象徴主義に関するあらゆるその痕跡は、幼稚園の目的から除去されるべきであり、またフレーベルの独創的な実践は論理的に確かな心理学の要求に合うように完全に作り直されなければならないと、我々は結論づける。恩物シリーズのようなものは、取り除かれなければならないし、それとともにほとんどの恩物と作業もである。幾つかの教材は、大きさと形が変えられて残るであろう。使用法は、概して非常に異なるであろう。子どもたちは、指図を受けてではなく、自分の目的のために子どもらしい方法であれこれの玩具で遊ぶであろう。球は決して統一との結び付きで考えられないであろうし、立方体も多様なものとの結び付きで考えられないであろう。積み木が場所を塞ぐということは、幼稚園教員の関心にならないであろう。子どもはその事実で使うであろうが、しかし子どもは決してそのことについて考えないであろうし、—それを名指すことさえしないであろう。子どもの想像性は、困難に出会う遊びのなかで生まれてくるであろうし、また能力心理学における課題練習のように人為的に引き出されることはないであろうし、他の点でおもしろくもない「恩物」について考えるための体裁を整えるように呼び出されることもないであろう。フレーベル主義者の「順序」に対する配慮の無さは、さらにまた国会議事堂から大統領官邸に展開させることになるであろう。この形式的な順序のまさしくその理念は、全く嫌がられるであろう。与えられた教材のすべてが一つの造作物に組み込まれる必要はないのであって、目的の本当の統一がそのような型にはまった概念に取って代わるであろう。

第二節　フレーベルの著作の利用

フレーベルの諸著作は象徴主義と他の誤った心理学に満ちているので、賢い養成教員はもはやフレーベルの諸著作を教科書として使わないであろうと、我々は結論づける。フレーベルの名は正当に称賛されるであろうし、また彼の記録に残る事項は大いに尊敬されるであろうが、しかし彼の書物から注意深く選ばれた章句のみが宛がわれ得るが、それはむしろ年長の学生たちに対してである。そのような見解は、ここで到達した他の結論よりも疑いなく受け容れ難いであろう。養成教員は、『母の歌と愛撫の歌』についての講義から自分自身の見本となるものを多く得ているので、『母の歌と愛撫の歌』を利用し続けたがるであろう。しかし、このように彼女に授けられた教育は、大部分がはじめに『母の歌と愛撫の歌』を読み込み、それから彼女に役立つことを推論したのを、彼女は忘れているのである。それらの絶対無謬性を奪い取られると、フレーベルの書物は、そのような取り扱いにあまり上手く適応しないであろう。解放された精神には、未熟さが連続的に増えるであろう。ここで表明された見解は、避けられない結論と思われる。

まさに我々が拒否したそのような体系が、どうして世界でそれほど大評判になり得たかということは、十分に問われてよい。吟味は本当に公平であったのであろうか。表明された判断は、最終的なものとして受け容れることができるであろうか。幾つかのことが、語られてよいであろう。第一に、精査はまだ完全ではないし、語られるべきより好ましい側面が残っている。しかし、ここで拒否されたものでさえ、すべてを受け容れることができたがゆえに、多くの人々はフレーベルを賞賛しているのである。彼等は、他の教育思想をほとんど知らない。さらに、フレーベルの発達説を受け容れ、また適用している一部のフレーベル主義者たちは、フレーベルの一生の著作物すべてを声に出して読み返し、その後に到達したのである。彼等は、「時代精神」(*Zeitgeist*) の内にあるものがフレーベルの個人的な功績であるとするさらなる段階で、すべての我々の教育の進歩を彼から演繹している。そのように、無知と過誤、また偏愛が、フレーベルの評判の良さの多くを明らかにしている。しかし、あらゆるものが退けられた後にも、フレーベルの名声の主な基盤は成された実際の貢献の内にまだ残っている。その多くは、何の論評も起こさせず、その結果新鮮な理論あるいは広く受け容れられた過誤のどちらにも見出される議論のための有効性を欠いているため、現在のように完全に受け容れられ続けているのである。しかしながら、フレーベルの貢献が大衆の心には極めて新鮮であった時代があったのである。

第三節　フレーベルの体系における長所の諸点

フレーベルの強みは、恐らく子ども時代への彼の愛と思いやりにおいて最も顕著であることである。ルソーは同じことを理論において主張したが、しかし彼の個人的な実践ははるかに違っていた。多分、ペスタロッチはフレーベルの次に位置するが、しかしそれでもフレーベルより下位にある。フレーベルは、彼の時代の他の誰よりも子どもの個性を尊重した。彼は、一般の世論に反して全面的堕落の説を完全に拒否した。彼にとって、子どもの生来の諸興味は特有のものあり、またすべて育成する価値のあるものなのである。彼の体系における遊びは、実践的な教育的地位を最初に獲得した。これに続いて、手を使っての構成的な活動が強調された。独創力は、特別な注目を受けた。これと密接に結びつけられている彼の独特な形而上学から脱した彼の自己活動の説は、現代の最善の興味説に驚くほど接近している。「印象」がペスタロッチによってその正しい位置を与えられたとするならば、「人は表現したり行おうと試みたりするものについて理解し始める」と、「表現」を最初に強調したのはフレーベルであった。この目的の意識的な諸手段として、彼は組み立てること、描くこと、型に合わせて作ること、歌うことなどを利用したのである。

フレーベルの最も力強い見解の一つは、社会関係に対する彼の主張である。このことに関しては、ルソーはひどく道を踏み外してしまった。ペスタロッチはより好ましかったが、しかしフレーベルの把握は、はるかに優れていた。フレーベルにとっては、子どもは社会的な交わりへの生来の傾向を有しているのであり、また社会関係のなかで、かつ社会関係を通じてのみ「神意」に達することができるのである。幼稚園と学校はこの事実を考慮に入れ、また社会生活への実際の参加を通して、社会性の成長のための機会を意識的に提供しなければならないのである。子どもが幼稚園に来るべき前でさえ、家族は最初の社会的集団を供与していて、フレーベルの思想の目標と同様に乳幼児と母親はそのなかで重視されている。事実、幼稚園と学校は、すでに家族のなかで始まった子どもの社会生活をより広い段階で続けているにすぎない。ここには、他の至る所と同様に、フレーベルのなかで統一と連続性が支配することになっていた。

人間生活における美的原理についてのフレーベルの認識は、普通の小学校がそのようなことを夢見てきたよりずっと以前から幼稚園の課程のなかに実践的な表現を見出した。彼の自然学習や学校園における関心は、我々の現代の実践に先んじている。慣習に従った宗教に関する問答的な教授に対する彼の拒否は、今日に至ってさえも彼を彼の国のなかで先んじさせたのである。書物に基づかない彼の教育課程の概念は、もっとも教育的である。恩物シリーズを否定しても、教育を単に定められた知的な課題を記憶することとか、形式的な学校の教科目を修得することよりも、フレーベルがもっと大きな観点から見ていたということは、なお残るのである。その理想像の具体化として、幼稚園は教育の歴史における画期的な一つの進歩への永遠の記念碑として残るであろう。

恐らく、すべてにおいて最も価値あるものは、フレーベルが幼稚園によって子どもたちの集団が教育活動に熱中している時どんなに幸せになり得るかを世界に示した実践的証明である。より前の古い観念と実践は、そのようなことの普遍的な可能性を否定した。どの時代においても、より穏やかな対応の主導者が存在し続けたことは全く本当であるが、しかし一般の実践は終始もっと厳しく規定されていた。アルクインにとっては、「子どもたちを教えるということは、鞭打つことである」。ジョンソン博士は、「私の校長は私を最も無情に鞭打ったのである。さもないと私は何もしなかった」と、彼に同意している。そうして、次にジョンソン博士は当時の管理する理論を主張している。すなわち、「道理をわきまえない子どもたちは、ただ恐怖によってのみ管理され得る。それゆえ、この恐怖を印象付けることが、子どもたちを世話する人たちの最初の義務の一つなのである」。フレーベルは、このすべてといかに際立って対照的な位置に立っていることか。

我々は、彼の神の出現についての議論を受け容れる必要がないし、彼の発達の理論を拒否することができる。しかし、どのようにすれば子どもたちは幸せに活動できるのかという明白な実例として、フレーベルの幼稚園は「山の上にある町」のように光を放っている。このことは、彼の先達たちが何もしなかったことを主張することではない。彼等もまた賞賛に値する。しかしながら、ただ一九世紀初頭の「幼児学校」と幼稚園を対照してみれば、フレーベルと彼の先行者たちとの違いが明らかにされるであろう。幼児学校では、子どもの多くがそれ以前の時代の子どもよりも幸せであった。ただ、ウィルダースピンの「活発な少女が遊び場で笑うことは、罪と見なされてはならない。」という警告に注目すると、幼稚園の卓越性が明らかになっているのである。また、あるアメリカの幼児学校で毎朝教室に列を作って入る時に、少女たちによってよく歌われた歌を思い起こそう。

私たちはみんなしかめっ面を見せないで席に着きます。
私たちはみんな教訓をはっきりゆっくり言います。
なぜなら、もし私たちがそれをしなかったなら、先生はそれを知るでしょう。
そして、もちろん私たちは部屋のあの隅に行かなくてはなりません。

彼女たちは、列を作って入る時に歌った、それが進歩であった。しかし、禁止されねばならなかった「しかめっ面」、丸暗記で暗唱させられた授業、教師の厳しい目、罰を与える部屋の隅、生徒と教師の意識的な対立の一般的な背景に注目しよう。幼稚園の精神は、限りなく優っている。また、思うままに増やされることができ、そしてさらに子どもたちの側に同じ楽しい活動を示すことができ、また幼稚園教員の側に同じ手厚い保育をさらに示すことができた施設をフレーベルが作ったことは重要な事柄である。またこの施設が（これまでのところ）六歳以下の子どもたちに限定されてきたとはいえ、フレーベルにおいて教育は完全に一八〇度回転させられたと言っても、今なお言い過ぎではないのである。

このような理想像とこのような可能性をもった施設は、その象徴主義の古い殻と固定された恩物や規定された課程を脱却できるであろうか。そして、このような理想像とこのような可能性をもった施設は、自発性と子どもの関心のよりよい源泉である、より素晴らしい民主主義と共存できるのであろうか。一つの普通の教育過程のなかにより広範囲にわたる生活をふたたび見出すために、幼稚園は独立した生活をなくすことに同意できるであろうか。幼稚園は、もし必要があれば、進んでその特有の名前さえも放棄するであろうか。すでに幼稚園教員たちは、数においても少なくないし、また影響力においても弱くないが、これらの問いに肯定的に答えた。小学校と合併すれば、幼稚園はその最善なる精神を小学校の低学年に与えるであろう。しかし、そのように独立した存在でなくなっても、フレーベルの幼稚園はさらにより豊かに生き続けるであろう。

原註

第一章

1 オーケン（Lorenz Oken, 1779-1851）は、ドイツの自然主義者で、「自然哲学」学派の先導者であった。カントは、ドイツ人の思考を先験的な道筋に方向づけた。フィヒテは、先験的なものを知識の基盤で構成しようと意図したカントの学理論に従った。シェリングは、自然の領域への特別な注意を払いながら、方法を展開した。オーケンは、一八〇二年にその著『自然哲学概説』を出版した。同書は、後の出版物とともに、彼をこの古風な運動の先導者にさせた。もしそれが正当な位置にあったならば、フレーベルが科学的な傾向にあった限りにおいて、自然哲学派に所属したということを示すことは容易であるし、また興味深いことであろう。フレーベルが自分の思考することの最も神秘的で取りつきにくい原理の幾らかをオーケンから得ていたことは、ほとんど明らかなようである。原著の二つの引用は、チャルクの英訳『自然哲学の概要』から引かれている。すなわち、一つは同書の§一五七八であり、二つ目は§二三三二である。

2 第三章の註3を参照。

第二章

1 この引用に含まれている主張は、後に議論される構成部分と全体の法則の一つの例であると言ってよいであろう。

2 *Hab' acht*「八個ある」は、have eight「八個ある」を意味するし、take notice「注意しなさい」も意味する。

3 筆者は、読者が先に進む前に、紙を折ることは「この与えられたもののなかに純粋な対立するもの」があるというものを決めることで、法則を適用しようと努めることを願っている。筆者は、この法則の支持者だと公言してはばからない人々に対してこの質問をしばしば提案してきた。しかし、彼らは決してフレーベルの答えに賛成しなかった。

4 実際には、誰でも水平の線ではなく、他の対角線を期待する。

第三章

1 ここでは、フレーベルは疑いなく他の所と同じように、レッシングの『人類の教育』（一七八〇年）に見出されるような理念について述べようと意図している。

2 この点についての議論は、ソーンダイクの『教育心理学』（一九一三年）一巻の二四五頁以下、デイビッドソンの『反復説理論と人間の幼年時代』を見よ。

3 文脈の明白な意味によって影響を受けたジャーヴィス女史は、事実「対照化された観念」という言葉を用いた。しかし、私は私が証明したい点を考えているように思われないよう文字通りの訳を採用した。

4 この引用は、マーレンホルツ―ビューロー男爵夫人によって作られた定式化である。しかし、フレーベルによって承認された。

5 ある者が「潜在的な象徴」と命名したものの用法は、第五節で示されている。

6 比較心理学の学生は、フレーベルが現代の科学の術語よりもシェリングの哲学の術語を述べるので、彼の意味を明らかにすることができないながらも、頭脳の内に遺伝によって作られた標示の関係がないかどうか、また結局それはフレーベルが記憶していたものでないかどうかを問うてよいであろう。疑いなく、そのような標示の関係は知られている。すなわち、犬の匂いは、子猫がいわば生来の敵と闘うように、唸ったり、引っ掻いたりすることに駆り立てるであろう。また、多分フレーベルは彼の思考においてそのような生得的な関連の知られた例によって影響を受けたのであろう。この立場から、我々の問いは、そのような生得的な関連が人間の例に利用できるかどうか、またもしできるとするとフレーベルの教育手順はそのような関連をそのように利用していたかどうかということになるであろう。両方の問いは、躊躇なく答えられるであろう。赤ん坊の例では多くの生得的な関連がある一方、それらは象徴主義のどの実践をも支持する類のものではないし、さらにほとんどそれらがフレーベルの有形の象徴主義を支持することにはならないであろう。第四章と第五章は、最後に為された主張のための基礎を詳しく述べるであろう。

7　ここで述べられた労働、労役、苦役の定義は、デューイの『教育における興味と努力』(*Interest and Effort in Education*,P.78) から採られている。

8　Richter, *Levana* (Bohn Library) pp.177ff. フレーベルは、リヒターを読んで賞賛した。

9　フレーベルは、母親に彼女の子どもの「最初の一年の後半」の間ずっと、球体はそのすべての位置でいつも同じであるということを見させたいのである。すなわち「私が行ったり、戻ったり、曲がったりしても、私はいつも球体の形で見える」。

第四章

1　ここでのフレーベルに帰する議論は彼の出版された著作の至る所に散在しているので、議論が適切に組み立てられた必要な検討には、読者の根気が耐えられないであろう。この解釈は、しかしながら、フレーベルに対して忠実なので躊躇なく受け入れられるであろう。なぜなら、象徴的なシリーズの価値について天地の差（*toto caelo*）があるにもかかわらず、大多数の甚だしく意見が異なるフレーベルの解説者は、これがフレーベルの考えであると大いに賛同するからである。フレーベルのうわべだけの支持者たちは、子どもたちの一連の作業の具体的な用法に関し、大いに異なるということが付け加えられるべきである。例えば、フレーベル自身はエンドウ豆の作業についてずいぶん語っているけれども、多くの人がほとんど全くエンドウ豆の作業を用いないのである。

2　私はシリーズの複雑さのすべてを追求しているだけでなく、むしろ最も重要な段階を追求しているのであるということが、フレーベルの恩物に精通している人々には明らかであろう。

3　これらの第一のものは六個の色つきの毛糸の球から成り、第二のものは堅い木の球体である。しかしながら、フレーベルの順番づけは、必ずしも首尾一貫していないのである。

4　幼稚園の位置づけにおいて、「保守的なもの」と「進歩的なもの」のあいだの根本的な違いは、明らかにこれらの二つの説を受容するか拒否するかによると言っても過言ではない。拒否する人たちは、幼稚園の課程と手順を徹底的に改造するという当然の必要性を感じている。

5 斜体字は他と同様にフレーベルのものである。

6 あるいは、二歳以下。『幼稚園の教育学』の一四一頁参照。

7 これらの最初の二つの段階は同時であったか、あるいは同時ではなかったということがありえる。

8 「…普遍的なものから特殊なものへと伝わる…発達と養育に関する私の全般的な方法」。

第五章

1 ここでジャーヴィス女史が使用する「象徴的」という言葉は、創造的なものにおいて生じただけでなく、多分全く推測されたようなものである。文字上の翻訳は、カタツムリが遊戯のシリーズを閉じるために「あらゆる点で適している」(*ganz geeignet*) ということになるであろう。「なぜなら、それはすべての遊び仲間を生き生きと、また最後に完全に形づくられた全体・円に結びつけるからである」。

2 フレーベルのそのような極端な立場は、彼の正統的な支持者たちには何の影響もないということを、いかなる弁解者にも主張させないようにしよう。彼らが、彼らの象徴主義のすべてのために彼等の学生たちを『母の歌と愛撫の歌』の絵の訓練で学習させることは、珍しい課業ではない。そのような学生の一人が、私の彼女の失敗について話してくれた。その時の告白は、残りの絵と一四番目の絵の下に横たわっていた小さな開いたエンドウ豆の鞘とを結び付けるという失敗であった。彼女の答案が戻された時、その失敗が容赦なく記されていた。そして彼女自身は、彼女が絵のなかで「胚種の種子」がどこから大切なブドウになったかを「軽薄に」述べたことについて激しく非難されたのである。この特別な学校では、二年間の学習は『母の歌と愛撫の歌』に向けられた。ある幼稚園教員は、同じような感じのもうひとつの例として、一人の幼稚園教員が「光の小鳥」を説明しながらどのように母の遊びを利用(小さな鏡で太陽の反射光を当てる)したかを、私に話した。数人の子どもたちは光を捕まえるのを空しく試みた。終わりに、ある小さい仲間が「光を見ることでそれを捕まえる」と言ったことが、彼女の心を喜ばせた。彼女が感じたこのことは、勝利感となっていた。そのような早熟は、目的を狙った結果であるし、またフレーベルの精神における母の遊びに従う人たちによって、良いと認められている。

第六章

1　確実に対になった対立について同時に教えることは、まさに為された陳述にとっての明らかな例外にすぎないのである。

監訳者あとがき 一

本書は、デューイ（John Dewey,1859～1952）に次ぐアメリカ合衆国の著名な教育学者であるキルパトリック（William Heard Kilpatrick,1871～1965）の一九一六年の著書 *Froebel's Kindergarten Principles — Critically Examined —* の全訳である。

キルパトリックは、我が国では一九一八年のプロジェクト・メソッド（Project Method）の首唱者として、また大著『教育哲学』（*Philosophy of Education*, 1951。村山貞雄、柘植明子、市村尚久訳、明治図書、一九六九年）で知られているが、まず、彼の生涯の活動と業績について、同邦訳書『教育哲学』所収の市村尚久氏の解説に依拠して言及しておこう。

キルパトリックは、一八七一年一一月二〇日ジョージア州ホワイト・プレーンズのバプテスト派の牧師の子として生まれ、宗教的・知的な雰囲気の家庭で幼少期を送り、六歳で地元の小学校に入学し、一七歳で州のバプテスト派マーサー大学に学んだ。大学では数学と物理学を学び、自然科学に興味を覚えてダーウィン（Charles Robert Darwin,1809～1882）の『種の起源』（*On the Origin of Species*,1859）を読むなかで、父親の勧める神の司牧である牧師の道とは反対の無神論の進化論説を採ることになり、数学者を志してジョンズ・ホプキンズ大学大学院に進んだ。一八九二年に修士号を取得し、修了後はその後の研究資金を得るためにジョージア州農村ブレィクリの小・中合併校の校長兼教員となった。彼は同校在任の三年間にロック・カレッジの夏期教職講座で進歩主義の授業やペスタロッチの児童中心主義の思想を知り、またアンダーソン小学校長時代にはパーカー（Francis Wayland Parker,1837～1902）の講演を聞き、個性尊重の進歩主義に傾倒した。一八九六年、彼はサヴァンナ小学校長に転任し、一八九七年からは母校マーサー大学で数学や教職課程の講義を担当し、一八九八年のシカゴ大学夏期講座でデューイの教育学の課程を受講し、実験主義の洗礼を受けた。

その後、キルパトリックは一九〇七年にコロンビア大学の大学院に入学し、モンロー（Paul Monroe,1869～1947）のもとで教育史研究を始め、デューイにも師事することになった。そして、一九一三年コロンビア大学の助教授に、一九一八年には教授に就任してプロジェクト・メソッドを発表して一躍名声を得た。一九一九年には「進歩主義教育協会」の結成に参画し、以後その活動を精力的に展開した。また、一九二七年にはデューイ等と新教育研究会（一九三五年設立の「ジョン・デューイ協会」の母体）を結成し、世界諸国に進歩主義教育の普及のための講演行脚に出掛け、日本にも二箇月間滞在して東京帝国大学で「プロジェクト・メソッドの基礎原理」を講演し、京都、奈良、大阪、広島、福岡を訪れている。

論文は言うに及ばず、彼の著書は十指に余るほどあり、前述の『教育哲学』の他に、邦訳された著書のみでも一九一八年の『プロジェクト法』（*The Project Method* 市村尚久訳、明玄書房、一九六七年）や『文化の変革と教育』（*Education for a Changing Civilization*,1926, 西本三十二訳、宝文館、一九二七年・昭和二年、改題版『教育と文化の変革』表現社、一九六七・昭和四二年）、『教授法原論』（*Foundation of Method*,1926, 西本三十二訳、東洋図書、一九二八・昭和三年）、『新教育の創造』（*Group Education for a Democracy*,1940, 西本三十二訳、牧書房、一九四八・昭和二三年）がある。

キルパトリックの九〇歳の年に、以上のような旺盛な活動と多数の業績を讃える祝賀会が、ニューヨークで催され、一二〇〇人余りの関係者が参集したと言われる。そうした名声のなかで、彼は一九六五年二月一三日に九三歳で逝去した。

さて、このようなキルパトリックの教育学者としての経歴からすると、本書の原著書は彼の初期の著作であり、我が国では余り問題にされなかったのかと思われる。それは、同書の出版年が世界の教育界で一世を風靡した進歩主義教育・新教育の思想や運動期に重なり、本書のような近代教育の思想家フレーベルの幼稚園の教育原理に対する批判的な検討は一般受けしなかったと思われる。しかし、新教育運動は近代教育の思想家ルソーとペスタロッチやフレーベルを検討するなかで、そのリバイバルとして興ったのであって、すなわち教育研究において対峙すべき古典があったのであって、その点は今日でも変わらないと考える。まさに、その点に本書の翻訳の契機があり、フレーベルの幼稚園の教育や原理を検討してその問題点や評価すべき点を明らかにすることは意義があると考えた次第である。因みに、本書の抄訳が、一九八八年明治図書出版の長尾十三二監修『アメリカの幼稚園運動』第二部に、別府愛訳で第一章、第三章、第六章が要約されて資料として収録されている。当然、本書の訳出に際して抄訳ではあるが先行訳として参考にした。その後、幸運にも別府氏に面識を得る機会があり、中途からではあったが訳稿の監訳に携わって頂いた。

ところで、アメリカ合衆国の著名な教育学者デューイや本書の原著者キルパトリックたちが、幼稚園の祖であるフレーベルに対してなぜ批判的で、何を評価し、何を問題としているのかという疑問が以前からあり、その点を明らかにすることが本書邦訳の主な理由でもある。すなわち、デューイにおいては、初期の教育論著『学校と社会』（*The School and Society*,1899）や『民主主義と教育・教育哲学入門』（*Democracy and Education― An Introduction to the Philosophy of Education* -1916）でフレーベルの教育原理を論評し、その問題点を指摘している。その点について、フレーベルと本書を理解するための参考として若干論評しておこう。

デューイは、『学校と社会』の第五章「フレーベルの教育原理」（*The Child and the Curriculum and The School and Society*, University of Chicago Press, 1956, 12th Impression 1974, pp.116-131）において、フレーベルの教育哲学を正しく代表するものは、（一）学校の第一の仕事は子どもたちを共同的・相互的に助け合う生活において訓練すること、相互依存の意識を彼らに養うこと、そしてとりわけその精神を彼らが公然の行為に移して適合するのを助けることであり、また（二）すべての教育活動の第一の根源は、子どもの本能的・衝動的な姿勢や活動にあるのであって、（三）そうした個々の傾向や活動の有利さを用いて、子どもが最終的に出ていく社会の典型的な行動や業務を子どもの段階で複製し、創造的な用法によって価値のある知識を獲得して確かなものにする原理と捉え、デューイ創設のシカゴ大学附属小学校はフレーベルの教育哲学の唱導と見做されるべきであるとしている。しかし、一二歳まで適用しているフレーベルの教育原理は、幼稚園期の四歳から六歳までの子どもたちに行われている課業では、或る変更を必要としていると論じている。変更とは、まさにフレーベルの教育原理の批判的検討から案出されたものと考えられるため、まず同書におけるフレーベルの教育原理の問題点についての主要なもののみを言及しよう。

デューイは、遊戯を子どもの外的な行為として同一視してはならないと論じ、それは子どもの全能力・全思想と全身体的活動の自由な作用であり、全体性・統一性の精神的態度であるから、遊戯や恩物の作業が与えられた規定の方式で実践されるべき必要はないと断言する。また、彼はフレーベルとその弟子たちが提示した恩物での作業、遊びや遊戯を不朽不滅に続けるのは反対せざるを得ないし、フレーベルによって論じられた外的動作を崇拝するのはフレーベルの原理に忠実でなくなると述べている。すなわち、デューイはフレーベルの後継者たちが恩物の作業を事細かに定め、それを行う子どもの外的所作を後生大事にするのは、子どもの心理や自由を拘束することになるのであって、遊戯の特定な様式化は子ども自身の内部の根源的衝動に基づく活動を抑制すると批判しているのである。一方で、デューイはフレーベルが子どもの遊びや遊戯を研究し、遊戯が子どもの成長にとって本質的な要因であることを人々に気づかせたと評価し、同時にフレーベルは彼の継承者たちがフレーベルの集成した遊戯に固執することなく、それぞれの時代においてさらに研究して展開することを期待していたと述べているのである。

次に、デューイが問題にするのはフレーベルの象徴主義で、それは遊戯や恩物などに付随する価値に関して無理で不自然な説明に頼り、抽象的・哲学的な理屈付けをしているという点である。すなわち、デューイによればフレーベルの多くの叙述は公平に観る人でも面倒でこじつけであるのが明らかであり、彼の象徴主義の多くは彼自身の生涯と仕事の特殊な産物であると述べている。それは、当時子どもの成長に関する生理学や心理学的な事実や原理が不十分であり、また彼の生きたドイツの政治的・社会的な状態は幼稚園の自由で共同的な社会生活と連続するような性質のものではなかったので、彼の教室の課業は抽象的で倫理的・哲学的な諸原理の象徴として考えざるを得なかったと、デューイは評しているのである。

さらに、『民主主義と教育』におけるフレーベルに関する叙述（*Democracy and Education*, Free Press,1966,pp.54-68）

から、フレーベルの評価を明らかにしよう。デューイは、同書の第五章第二節の開発説に関する叙述のなかでフレーベルについて論述していて、彼の教育説を発展の理念に基づくべきであると主張する開発説と捉えている。デューイによれば、フレーベルの開発主義において開発されるべきものは観念的・精神的な特性であり、成長や進歩は最終の不変的目標に近づくことであって、成長はただ不確実な最終目標である完成された存在への動きであると捉えている。そして、フレーベルをそのような最終的・絶対的な目標を規定する哲学思想の領域の典型であるとして、フレーベルにおいては作動させる力は絶対的なものの本質的な特性に相応する諸々の象徴・数学的符号であり、そうした象徴が子どもに提示されるとき子どもの内に眠っている全体的なものや完全なものが覚醒されると考えられていると言うのである。その例として、幼稚園での子どもが円に集まるのは、円が子どもを集合させるのに都合がよいからだけではなく、円は人類一般に集合的な生活の象徴であるからであると、デューイは論じている。

デューイは、子どもたちの生来の能力の意義に関するフレーベルの認識やそれに対する彼の着眼と、それを研究することを他者に誘発させた影響は、現代の教育理論において成長の観念の承認を広めた最も顕著な一つの力であると評価している。しかし、彼の発達の観念とそれを促進させるための方策の構成は、悪しくも彼が発達を既存の潜在している本性的能力の開発であるべきと考えた事実によって妨げられたと問題点を指摘している。すなわち、デューイによればフレーベルは育っていることが成長であり、発展していることが発達であることを見損なったのであって、完成された結果を評価し、成長の阻止を意味する目的を設定したと言うのである。それは、デューイによれば抽象的で象徴的な方式化に翻訳しないと能力の直接の指導に応用できない基準であり、完成した開発の遠い目的なのであって、直接の経験や知覚から離れた超越的なものなのである。また、それは経験に関する限り空虚なものであり、知的に把握して叙述できるものというよりむしろ虚ろな感傷的願望を表現するものであって、フレーベルは経験の実際の事実を発達の超越的な理想の象徴と見做すことによって結びつけたと言うのである。さらに、デューイはこのような既知の事物をある恣意的な先験的 (*a priori*) な方式により象徴と見做すことは、象徴に打ってつけな類似物を捉えてそれらを法則として取り扱うロマン的な空想へと誘うことであり、感覚的な象徴の内的意味を子どもに深く悟らせようとすることになると述べている。その結果、フレーベルの抽象的な象徴主義への愛好は恣意的なものとして用いられたし、その体系が外的に課されたと言うのである。

かくして、デューイのフレーベルに関する評価と問題点が明らかになったが、要点としては、デューイはフレーベルが子どもの自由な活動を重視する児童中心主義の教育原理に立っていたと評価するとともに、フレーベルが子どもの遊びや遊戯を研究し、遊戯が子どもの成長にとって本質的な要因であることを人々に気づかせた点を評価している。一方、絶対的な目標を措定する哲学思想に基づくフレーベルの象徴主義の様式化は、子ども自身の内部の根源的衝動に基づく活動を抑制させると批判している。とりわけ、フレーベルの後継者たちが恩物の作業を事細かに定め、それを行う子どもの外的所作を後生大事にするのは、子どもの心理や自由を拘束し、児童中心主義を損なうことになるとデューイは批判・反対しているのである。それは、いわばフレーベルの恩物や遊戯の活動を形式化ないし崇拝視する教条主義を退けていると言えるであろう。

さて、そこで本書のキルパトリックのフレーベル評価と批判についてであるが、これについてはまさに本書において明らかにされていることであり、本書を読まれることで把握して頂きたいと思う。つまり、キルパトリックのフレーベル評価と批判を問題として本書で論述するのは本書の意図を超える課題であって、それらの是非を監訳者が「あとがき」において論究することは如何なことかと考えるからである。確かに、筆者が僅かに目にする本邦のフレーベル批判は、前掲の『アメリカの幼稚園運動』のようにアメリカの幼稚園研究者の論考であり、特に「新教育」や進歩主義の幼児教育論者に依拠する批判であって、フレーベルの著作そのものに当たっての本格的なフレーベル研究者によるフレーベル検討の論考ではないからである。どうか、フレーベルを専らとする研究者が本書を読まれるなかでフレーベルの幼児教育思想の理論と実践を創造的に追究するための論考を是非お願いする次第である。

翻訳は、監訳者が一五年余り前に行った研究原稿を本翻訳の底稿として前半の第一章から第三章までを埼玉東萌短期大学の笹川啓一専任講師と明星大学の廣嶋龍太郎准教授、後半の第四章から第六章を東京未来大学の今井康晴専任講師と武蔵野短期大学の八木浩雄専任講師が分担して訳稿が作成され、全訳稿は、監訳者が原著に当たって監訳し、それをまた分担訳者たちとの協議で推敲され、そして監訳者それぞれが再度原著に当たって最終稿とした。本書の翻訳は、そうした少なくない共訳者と監訳者に依ったことや、原著がフレーベルの原典の英米訳書に基づく著作であることから、四年余りに亘る面倒で難儀な訳業であった。翻訳では、月例の検討会を開き、使用辞書や辞書引きの要点をはじめ、訳語や用語の統一等の申し合わせを行い、特に「意訳は思い込みになったりして誤訳に陥り易い」ことから、何よりも原文を忠実に訳し、可能な限り意訳を退けた。しかし、米語訳の章句が明らかに理解し難いと思われたり、誤訳と取られかねない点についてはそれそれ推敲して意訳した。そうした点に疑問が起こるかと懸念されるのであるが、それらについてはどうかご教示をお願い致したい。

終わりになりましたが、東信堂下田勝司社長には本書の出版に際しても大変な御厚情を頂きましたことをここに記して改めて御礼申し上げ、また編集では同社の下田奈々枝氏と柳沢桃子氏に大変なお世話を頂いたことを感謝致したい。

二〇一九年　秋　　東京・日野にて

乙訓稔

監訳者あとがき　二

この本の著者キルパトリックについては、乙訓先生が詳しく論じていらっしゃいますので、私はこの著作について少し説明したいと思います。

この本は一九一六年に出版されており、本のタイトル『フレーベルの幼稚園の原理――批判的検討』からも明らかですがフレーベルの幼稚園原理を批判的に検討したもので、フレーベルの幼稚園の原理、象徴主義や発達・自由に関する彼の心理学、恩物や遊具、『母の歌と愛撫の歌』に掲載されている遊戯、幼稚園で実際に行われた様々な活動―朝の集まりや戸外での活動、園芸など、思想から実践までについて進歩主義の立場から批判検討したものです。

読み進めていくと、キルパトリックは「あなた方は」と読者にまさに語りかけているように思えます。フレーベル主義者たち、幼稚園教師たち、幼稚園教員養成校の教師たち、幼稚園教師をめざして学んでいる学生に対してです。

アメリカの幼児教育界では、一九世紀末から二〇世紀初頭にかけて、フレーベルの幼児教育思想やフレーベルの幼稚園の伝統を忠実に守り実践していく保守派に対し、児童研究運動や新教育の立場にたった進歩主義派が批判していく論争が起きています。例えば一九〇三年、IKU（国際幼稚園連盟）では一五人委員会（のちの一九人委員会）が設置され、両派と中立派がそれぞれの立場から報告書を提出しています。そしていわゆる進歩派が優勢になっていくという経緯があります。

したがってキルパトリックのこの著作が出版された一九一六年にはすでにおおまかには決着が付いているのですが、現実には幼稚園の現場や養成校ではまだまだ伝統的な思想や教育内容、教育活動が残っていたようで、それらに対してキルパトリックが毅然と批判、検討したのがこの本といえるでしょう。しかし例えば遊びの内容や遊び方、教師の関わり方など、執筆時点で考察して批判すべき点に関して追求していますが、幼児教育における遊びの意義や重要性を初めて主張したのはフレーベルであると評価すべき点は評価しています。

最後になりましたが、乙訓先生に声をかけていただきまして、微力ではございますがこの本の翻訳刊行のお手伝いをさせていただけましたことを深く感謝しております。

またこの難解な（フレーベルもキルパトリックも）文章の翻訳にチャレンジされた若き研究者の四名の方々の熱意と努力に賞賛を送らせていただきます。

別府　愛

二〇一九年　秋

人名索引

マ行

ヤ行

ラ行

ワ行

ナ行

ハ行

タ行

サ行

事項索引

監訳者紹介

乙訓 稔（おとくに・みのる）実践女子大学名誉教授
1972年　上智大学大学院文学研究科教育学専攻博士課程修了
1995年　スイス連邦共和国チューリッヒ大学留学（客員研究員）
2002年　博士（教育学・上智大学論文）
2006年　日本ペスタロッチー・フレーベル学会事務局長
2012年　日本ペスタロッチー・フレーベル学会会長
教育学・教育思想専攻

主要著訳書　D.トレラー『ペスタロッチの哲学と教育学』（単訳 東信堂 1992年）、F.P.ハーゲル『ペスタロッチとルソー』（単訳 東信堂 1994年）、P.ナトルプ『ペスタロッチ―その生涯と理念―』（単訳 東信堂 2000年）、『ペスタロッチと人権―政治思想と教育思想の関連―』（単著 東信堂 2003年）、J.H.ボードマン『フレーベルとペスタロッチ―その生涯と教育思想の比較―』（単訳 東信堂 2004年）、『西洋近代幼児教育思想史―コメニウスからフレーベル―』（単著、東信堂 2005年 第2版2010年）、『教育の論究』（編著 東信堂 2006年 改訂版2008年）、『ペスタロッチー・フレーベル事典』増補改訂版（編著 玉川大学出版部 2006年）、W.ベーム編著『教育と人権―人権教育の思想的地平―』（監訳 東信堂 2007年）、N.ハンス『教育政策の原理―比較教育研究―』（単訳 東信堂 2008年）、『西洋現代幼児教育思想史―デューイからコルチャック―』（単著 東信堂 2009年）、『幼稚園と小学校の教育―初等教育の原理―』（編著 東信堂 2011年 改訂版2013年）、J.プリューファー『フリードリヒ・フレーベル―その生涯と業績―』（共訳 東信堂 2011年）、『ブリタニカ国際年鑑』（ブリタニカ・ジャパン 2011年 2012年　一般項目「教育」担当執筆）、『日本現代初等教育思想の群像』（単著 東信堂 2013年）、『保育原理―保育士と幼稚園教諭を志す人に―』（監修 東信堂 2014年）、D.トレラー『ヨハン・ハインリッヒ・ペスタロッチ』（監訳 東信堂 2015年）

別府愛（べっぷ・あい）前武蔵野音楽大学教授
1976年　東京教育大学大学院教育学研究科修士課程修了
1981年　筑波大学大学院教育学研究科博士課程満期退学
教育学・教育史専攻

主要著書　『近代幼児教育史』（共著 明治図書 1979年）、『現代に生きる教育思想2　イギリス』（共著 ぎょうせい 1982年）、『世界の幼児教育7　イギリス』（共著 日本らいぶらり 1983年）、『アメリカの幼稚園運動』（共著 明治図書 1988年）、『保育内容・計画総論』（共著 樹村房 1996年）、『現代学校教育要論』（共著 日本文化科学社 2002年）

訳者紹介

序文、第1章〜第3章、原註、索引担当
笹川 啓一（ささがわ・けいいち）埼玉東萌短期大学幼児保育学科 専任講師
明星大学大学院人文学研究科教育学専攻博士後期課程 単位取得満期退学
修士（教育学）

第1章〜第3章担当
廣嶋 龍太郎（ひろしま・りゅうたろう）明星大学教育学部教育学科 准教授
明星大学大学院人文学研究科教育学専攻博士後期課程 単位取得満期退学
博士（教育学・明星大学課程）

第4章〜第6章担当
今井 康晴（いまい・やすはる）東京未来大学こども心理学部こども心理学科こども保育・教育専攻 専任講師
広島大学大学院教育学研究科博士課程後期 単位取得満期退学
修士（教育学）

第4章〜第6章担当
八木 浩雄（やぎ・ひろお）武蔵野短期大学幼児教育学科 准教授
明星大学大学院人文学研究科教育学専攻博士後期課程 単位取得満期退学
修士（教育学）

William Heard Kilpatrick

Froebel's Kindergarten Principles Critically Examined

フレーベルの幼稚園の原理　――批判的検討――

2020年8月24日　初版　第1刷発行

〔検印省略〕

定価はカバーに表示してあります。

印刷・製本／中央精版印刷

著ウィリアム・H・キルパトリック／監訳者©乙訓稔・別府愛／

訳者©笹川啓一・廣嶋龍太郎・今井康晴・八木浩雄／発行者 下田 勝司

東京都文京区向丘 1-20-6　郵便振替 00110-6-37828

〒 113-0023　TEL (03) 3818-5521　FAX (03) 3818-5514

発行所 株式会社 東信堂

Published by TOSHINDO PUBLISHING CO., LTD.

1-20-6, Mukougaoka, Bunkyo-ku, Tokyo, 113-0023, Japan

E-mail : tk203444@fsinet.or.jp　http://www.toshindo-pub.com

ISBN978-4-7989-1635-0 C3037 ©Otokuni&Beppu

東信堂

- ペスタロッチの哲学と教育学　D・トレラー　乙訓稔　二八〇〇円
- ペスタロッチとルソー　F・P・ハーゲル　乙訓稔　二〇〇〇円
- ペスタロッチ—その生涯と理念　P・ナトルプ　乙訓稔　二〇〇〇円
- ペスタロッチと人権—政治思想と教育思想の関連　乙訓稔　二八〇〇円
- フレーベルとペスタロッチ—その生涯と教育思想の比較　J・H・ボードマン　乙訓稔　二五〇〇円
- 教育の論究［改訂版］　乙訓稔　二四〇〇円
- 西洋現代幼児教育思想史—デューイからコルチャック　乙訓稔　二三〇〇円
- 西洋近代幼児教育思想史［第二版］—コメニウスからフレーベル　乙訓稔　二三〇〇円
- 幼稚園と小学校の教育［改訂版］—初等教育の原理　乙訓稔　二二〇〇円
- フリードリヒ・フレーベル—その生涯と業績　J・プリューハー　乙訓稔 訳　廣嶋龍太郎　二八〇〇円
- 日本現代初等教育思想の群像　乙訓稔　二五〇〇円
- 保育原理—保育士の幼稚園教諭を志す人に　乙訓稔監修　近喰晴子　松田純子 編　二二〇〇円
- ヨハン・ハインリッヒ・ペスタロッチ　D・トレラー　乙訓稔監訳　二二〇〇円
- フレーベルの幼稚園の原理—批判的検討　W・H・キルパトリック　乙訓稔　別府愛 監訳　二一〇〇円
- 教育と人権—人権教育の思想的地平　N・ハンス　乙訓稔訳　二一〇〇円
- 教育政策の原理—比較教育研究　W・ベーム　乙訓稔監訳　二八〇〇円
- 西洋児童美術教育の思想—ドローイングは豊かな感性と創造性を育むか？　要真理子　前田茂 監訳　三六〇〇円
- 統一ドイツ教育の多様性と質保証—日本への示唆　坂野慎二　二八〇〇円
- 教育哲学のデューイ—連環する二つの経験　田中智志　三五〇〇円
- 現代ドイツ教育学の思惟構造　林忠幸　三八〇〇円

〒113-0023　東京都文京区向丘 1-20-6　TEL 03-3818-5521　FAX03-3818-5514　振替 00110-6-37828
Email tk203444@fsinet.or.jp　URL:http://www.toshindo-pub.com/

※定価：表示価格（本体）＋税

東信堂

未曾有の国難に教育は応えられるか—「じひょう」と教育研究六〇年　新堀通也　三二〇〇円

新堀通也、その仕事　新堀通也先生追悼集刊行委員会編　三六〇〇円

マナーと作法の社会学　加野芳正編著　二四〇〇円

マナーと作法の人間学　矢野智司編著　二〇〇〇円

学級規模と指導方法の社会学—実態と教育効果　山崎博敏　二二〇〇円

子ども・若者の自己形成空間—教育人間学の視線から　高橋勝編著　二七〇〇円

文化変容のなかの子ども—経験・他者・関係性　高橋勝　二三〇〇円

君は自分と通話できるケータイを持っているか—「現代の諸課題と学校教育」講義　小西正雄　二〇〇〇円

教育文化人間論—知の逍遥／論の越境　小西正雄　二四〇〇円

夢追い形進路形成の功罪—高校改革の社会学　荒川葉　二八〇〇円

進路形成に対する「在り方生き方指導」の功罪—高校進路指導の社会学　望月由起　三六〇〇円

教育から職業へのトランジション—若者の就労と進路職業選択の社会学　山内乾史編著　二六〇〇円

教育と不平等の社会理論—再生産論をこえて　小内透　三二〇〇円

〈シリーズ 日本の教育を問いなおす〉

拡大する社会格差に挑む教育　西村和雄・大森不二雄・倉元直樹・木村拓也編　二四〇〇円

混迷する評価の時代—教育評価を根底から問う　西村和雄・大森不二雄・倉元直樹・木村拓也編　二四〇〇円

教育における評価とモラル　戸瀬信之・西村和雄編　二四〇〇円

〈大転換期と教育社会構造：地域社会変革の社会論的考察〉

第1巻　教育社会史—日本とイタリアと　小林甫　七八〇〇円

第2巻　現代的教養Ⅰ—生活者生涯学習の地域的展開　小林甫　六八〇〇円

第2巻　現代的教養Ⅱ—技術者生涯学習の生成と展望　小林甫　六八〇〇円

第3巻　学習力変革—地域自治と社会構築　小林甫　近刊

第4巻　社会共生力—東アジアと成人学習　小林甫　近刊

〒113-0023　東京都文京区向丘1-20-6　TEL 03-3818-5521　FAX03-3818-5514　振替 00110-6-37828
Email tk203444@fsinet.or.jp　URL:http://www.toshindo-pub.com/

※定価：表示価格（本体）＋税

東信堂

いま、教育と教育学を問い直す—教育哲学は何を究明し、何を展望するか　森田尚人・松浦良充編著　三二〇〇円
教育的関係の解釈学　坂越正樹監修　三二〇〇円
大学教育の臨床的研究—臨床的人間形成論第1部　田中毎実　二八〇〇円
臨床的人間形成論の構築—臨床的人間形成論第2部　田中毎実　二八〇〇円
人格形成概念の誕生—近代アメリカの教育概念史　田中智志　三六〇〇円
社会性概念の構築—アメリカ進歩主義教育の概念史　田中智志　三八〇〇円
空間と時間の教育史—アメリカの学校建築と授業時間割からみる　宮本健市郎　三九〇〇円
アメリカ進歩主義教授理論の形成過程—教育における個性尊重は何を意味してきたか　宮本健市郎　七〇〇〇円
ネオリベラル期教育の思想と構造—書き換えられた教育の原理　福田誠治　六二〇〇円
学びを支える活動へ—存在論の深みから　田中智志編著　二〇〇〇円
グローバルな学びへ—協同と刷新の教育　田中智志編著　二〇〇〇円
教育のあり方を問い直す—学校教育と社会教育　福島裕敏・松本大・森本洋介編著　二七〇〇円
社会科教育の未来—理論と実践の往還　西村公孝・梅津正美・伊藤直之・井上奈穂編著　二八〇〇円
2040年　大学よ甦れ—カギは自律的改革と創造的連携にある　田中弘允・佐藤博明・田原博人著　二四〇〇円
応答する〈生〉のために—〈力の開発〉から〈生きる歓び〉へ　高橋勝　一八〇〇円
子どもが生きられる空間—生・経験・意味生成　高橋勝　二四〇〇円
流動する生の自己生成—教育人間学の視界　高橋勝　二四〇〇円
アメリカ　間違いがまかり通っている時代—公立学校の企業型改革への批判と解決法　D・ラヴィッチ著　末藤美津子訳　三八〇〇円
教育による社会的正義の実現—アメリカの挑戦（1945-1980）　D・ラヴィッチ著　末藤美津子訳　五六〇〇円
学校改革抗争の100年—20世紀アメリカ教育史　D・ラヴィッチ著　末藤・宮本・佐藤訳　六四〇〇円
アメリカ公立学校の社会史—コモンスクールからNCLB法まで　W・J・リース著　小川佳万・浅沼茂監訳　四六〇〇円

越境ブックレットシリーズ

⓪教育の理念を象る—教育の知識論序説　田中智志　一二〇〇円
①知識論—情報クラウド時代の〝知る〟という営み　山田肖子　一〇〇〇円
②知識・女性・災害　天童睦子　続刊

〒113-0023　東京都文京区向丘 1-20-6　TEL 03-3818-5521　FAX03-3818-5514　振替 00110-6-37828
Email tk203444@fsinet.or.jp　URL:http://www.toshindo-pub.com/

※定価：表示価格（本体）＋税

東信堂

- ①アクティブラーニングの技法・授業デザイン　安永悟・関田一彦・水野正朗 編　一六〇〇円
- ②アクティブラーニングとしてのPBLと探究的な学習　溝上慎一・成田秀夫 編　一八〇〇円
- ③アクティブラーニングの評価　松下佳代・石井英真 編　一六〇〇円
- ④高等学校におけるアクティブラーニング：理論編（改訂版）　溝上慎一 編　一六〇〇円
- ⑤高等学校におけるアクティブラーニング：事例編　溝上慎一 編　二〇〇〇円
- ⑥アクティブラーニングをどう始めるか　成田秀夫　一六〇〇円
- ⑦失敗事例から学ぶ大学でのアクティブラーニング　亀倉正彦　一六〇〇円

学びと成長の講話シリーズ

- ①アクティブラーニング型授業の基本形と生徒の身体性　溝上慎一　一〇〇〇円
- ②学習とパーソナリティ―「あの子はおとなしいけど成績はいいんですよね！」をどう見るか　溝上慎一　一六〇〇円

- 大学生白書2018―今の大学教育では学生を変えられない　溝上慎一　二八〇〇円
- アクティブラーニングと教授学習パラダイムの転換　溝上慎一　二四〇〇円
- グローバル社会における日本の大学教育―全国大学調査からみえてきた現状と課題　河合塾編著　三八〇〇円
- 大学のアクティブラーニング　河合塾編著　三二〇〇円
- 「学び」の質を保証するアクティブラーニング―3年間の全国大学調査から　河合塾編著　二〇〇〇円
- 「深い学び」につながるアクティブラーニング―全国大学の学科調査報告とカリキュラム設計の課題　河合塾編著　二八〇〇円
- アクティブラーニングでなぜ学生が成長するのか―経済系・工学系の全国大学調査からみえてきたこと　河合塾編著　二八〇〇円
- 社会に通用する持続可能なアクティブラーニング―ICEモデルが大学と社会をつなぐ　土持ゲーリー法一　二〇〇〇円
- ポートフォリオが日本の大学を変える―ティーチング／ラーニング／アカデミック・ポートフォリオの活用　土持ゲーリー法一　二五〇〇円
- ティーチング・ポートフォリオ―授業改善の秘訣　土持ゲーリー法一　二〇〇〇円
- ラーニング・ポートフォリオ―学習改善の秘訣　土持ゲーリー法一　二五〇〇円

〒113-0023　東京都文京区向丘 1-20-6　TEL 03-3818-5521　FAX03-3818-5514　振替 00110-6-37828
Email tk203444@fsinet.or.jp　URL:http://www.toshindo-pub.com/
※定価：表示価格（本体）＋税

〒113-0023　東京都文京区向丘 1-20-6　TEL 03-3818-5521　FAX03-3818-5514　振替 00110-6-37828
Email tk203444@fsinet.or.jp　URL:http://www.toshindo-pub.com/